TROUVER L'ENIGME DE LA RICHESSE

Nouhoum AKOMOTE

Trouver l'énigme de la richesse

Pour accéder à la richesse, il faut peu de travail, un travail facile puisque le plus important est votre état d'esprit, votre force de caractère, donc votre détermination dans la poursuite d'un objectif bien précis. L'école n'est pas un boulevard qui conduit à la richesse. Malheureusement ! Elle ne teste que la mémoire, pas l'intelligence et le talent qui sont plus sollicités dans la vie active, sans aussi oublier que face à certaines situations, le talent et l'intelligence aussi sont impuissants dans la quête d'une porte de sortie. Face à ce constat scandaleux, il est d'une importance capitale que chacun se prenne en charge pour posséder son esprit afin de pouvoir déployer tout son potentiel pour accomplir convenablement sa mission de cocréation en ayant conscience qu'il est l'architecte de son destin, de ce monde, de sa réalité.

SOMMAIRE

....	11
Remerciements	11
Le déclic	17
Chapitre 1	25
Conception de la richesse : les 4 dimensions de l'évolution de l'humanité	25
Les quatre catégories de riches	32
Conception religieuse de la richesse	35
L'église et l'argent	35
L'islam et l'argent	37
....	41
Chapitre 2	41
Le défi du futur, entre exigence et fantasme	41
Chapitre 3	47
L'enseignement classique et l'intelligence financière : l'école classique face aux défis du XXIe Siècle	47
Fondements basiques de l'école dans les colonies africaines ...	48

L'école, grand consommateur du précieux sésame « temps ». 49
L'école est à la limite, un lieu de fabrique de pauvres 50
L'école et le culte de la peur 52
Les défis du XXIe siècle... 54
L'école et la quête du nerf de guerre...................................... 55
La responsabilité individuelle dans le jeu « flou » de l'école... 56
Chapitre 4... 61
L'illumination 61
Conditionnement de l'esprit humain et influence sur la vie future... 65
L'autosuggestion... 68
Les croyances négatives 68
Chapitre 5... 71
Reprogrammation de la mind-mapping................................ 71
L'introspection 74
La rétrospection.. 75
La cure du silence... 75
La méditation 77
La purification par transposition comparative 78
Le pardon.. 81
Chapitre 6... 83
La psycho-philosophie positive et inspirante........................ 83
La Programmation Neuro Linguistique 84

Les croyances *85*
La Pensée *88*
Les deux questions pour libérer votre potentiel *91*
Les affirmations positives *92*
Révisez votre plan financier mental *93*
Le Désir *95*
Surfez sur la voie du succès *97*
Etendez votre zone de confort *98*
La détermination *103*
L'intention *105*
L'intuition *106*
L'art de l'anticipation *107*
.... *111*
Chapitre 7 .... *111*
Pouvoir de l'esprit humain *111*
Démarche de fonctionnement de l'esprit humain *113*
L'esprit et le distributeur automatique de billets de banque. *114*
Energisez votre esprit : Différence entre pauvres, modestes et riches *116*
Faites bouger le curseur vers le pôle de la prospérité *119*
Chapitre 8 .... *125*
Le leadership personnel *125*
Devenir soi *125*

Le rêve 133
Critères de choix d'un rêve 135
Le but 137
Choisissez correctement la commande, et laissez tout le reste au serveur 140
Les objectifs 142
Soyez SMART 143
Déterminez votre objectif 145
.... 145
Trouvez votre « élément » 146
Trouvez votre ikigaï 148
Le concept du hérisson pour la réalisation de soi 152
Le biomimétisme 156
Les cinq principes du leadership chez l'aigle et analogies 156
Soyez un « lion » et non un « mouton » 160
L'attitude du lion 160
Le courage 162
Le skieur éclair 165
La concentration 165
Le chronomètre 168
Savourez le présent 170
La persistance 175
Les trois actifs importants pour faire fortune 186

Les limites des facultés cognitives 190
Quelques méthodes pour travailler votre talent 193
La parabole du lion qui se croyait mouton 201
.... 203
Chapitre 9 203
L'intelligence financière 203
Tous les jours sont faits de leurs lots d'opportunités 204
Une opportunité ! Une question de lecture en profondeur ... 205
Au carrefour de l'opportunité, se croisent un problème et une innovation 208
Repérage des voies ouvertes 211
L'analogie de la chasse du chat dans la forêt et attrait de l'argent 213
L'entreprise du 21e siècle 214
Présentation sommaire 215
Origine divine du marketing de réseau 216
Des mentors et le marketing relationnel 217
Cinq critères pour identifier un bon système de marketing de réseau 221
La défensive 223
Chapitre 10 227
L'attitude mentale 227
La perception 228
Soyez votre « maître de thé » 230

La gratitude	233
L'alchimie de la reconnaissance	236
Conclusion	241
	245
Références bibliographiques	245

Spécial dédicace à toutes les personnes qui sont suffisamment visionnaires pour déceler les formidables opportunités de cette ère numérique où l'économie du savoir dicte sa loi, et suffisamment courageuses pour revendiquer et rechercher le bonheur dans leur vie par leur liberté et leur pouvoir de créer leur propre réalité selon leur niveau de conscience.

Remerciements

Je tiens à remercier spécialement tous ceux qui m'ont soutenu depuis les prémices de ce beau projet qui a vu naître ce chef d'œuvre. Et puisque je ne peux pas me passer de citer des noms, je me livre volontiers à cet exercice.

C'est donc à juste titre que je mentionne les noms de : Emmanuel BAHOUNON qui m'a toujours soutenu dans mes projets, Floranda FAKEYE, Marcellin LAOUROU un soutien et mentor, Hugues BALOGOUN pour ses orientations, Jean ABALLO, Yéman LANGA, Delphin ASSOGBA, Octavie EKPE, Rodrigue KOTCHADAN, Yèkini ODJOLO, Edmond LAOUROU, Arouna YESSOUFOU, Kabirou AROUNA, Justin ADIDO, Bruno AKOMEDI, Gilbert AMOUSSOU, Epiphane SENOU, les membres de l'AJAAD, Dieu Donné KOKOBITA, Sévérin KASSIN, Félicien TCHACON, Norbert AKOULE.

À tous mes lecteurs, recevez-en toute ma gratitude. La boule de ma reconnaissance roulera sempiternellement dans le corridor de votre sympathie.

Introduction

Dans ce paysage apocalyptique, le monde nous appartiendra si non appartenait à ceux qui ont renoncé à temps à attendre quoi que ce soit de qui que ce soit pour prendre en main leur vie et en faire le meilleur. Ceux qui auront dit non à toutes les tyrannies, même les plus médiocres et les plus insidieuses, y compris celles qui se masquent sous les noms de fatalisme ou de destin. Dans un contexte comme celui-ci, prendre sa vie en main n'est jamais ou presque le résultat naturel d'une éducation. L'école, en tant que société, n'éduque pas pour que l'individu devienne un produit insoumis mais plutôt à la solde de l'État ou d'un autre employeur. Même dans les familles, très peu sont celles qui poussent leurs enfants à choisir leur propre modèle de réussite. La plupart se contentent généralement de leur imposer les leurs. Ainsi, les orientations scolaires en général notamment universitaires, de même que les familles presque désastreuses, n'aident en rien à trouver le génie spécifique qui sommeille en chaque individu en quête de réalisation de soi.

La conséquence directe en est que, la masse des enfants issue de ces milieux vit dans un monde très perturbé aux plans financier, spirituel et émotionnel. La négativité a tout envahi et toute cette population est en train de flotter comme des bateaux privés de gouvernails ou une feuille morte à la surface de l'eau. Si toi qui lis ces lignes te retrouves dans cette population de victimes, un grand indice est sur le point de t'être révélé pour que tu en sortes pour servir de capitaine à ceux à qui le destin n'a pas encore permis d'avoir cette clairvoyance d'esprit que tu auras à la découverte de la démarche qui a fait ces preuves en la matière et dont ce livre te révélera. Tu peux tout révolutionner en changeant radicalement la direction dans laquelle tu te déplace et cela tient pour la plupart à la prise en charge de ton destin par l'usage à bon escient de ton esprit. C'est la chose du monde la mieux partagée puisqu'il constitue le plus grand actif de tout être humain.

Du rêve à la réalité, cela ne tient qu'à une façon d'agir. L'Univers, la substance informe et nous, sommes Un et tout ce que nous aurons désiré, cet Univers conspirera à nous permettre de le réaliser. L'histoire du monde et la nôtre ont été écrites avec la même Main : Celle de Dieu. Ces déclarations, loin d'être des élucubrations superficielles, sont marquées du sceau de la vérité. La volonté de maîtriser son esprit nous permettra de libérer tout le potentiel en nous afin d'acquérir des pouvoirs nous donnant le privilège de nous considérer dans un monde où tout est à refaire.

L'homme est un être spirituel, une entité divine dont le rôle dans l'univers est bien précis. La véritable connaissance de notre mission sur terre et la mise en pratique d'une suite de lois spirituelles et physiques sont un axiome dans le processus de l'accomplissement de notre destinée. Et ayant atteint cette étape, à défaut de retrouver la pierre philosophale à l'instar des alchimistes, nous aurons le droit de goûter le nectar de la vraie liberté. Quitter ce monde en ayant l'assurance que tout le monde nous pleure est un sérieux étalon de mission accomplie et non trahie.

Le déclic

Né d'une famille polygame modeste, je suis le sixième de ma mère et le dixième de mon père. J'ai grandi dans le grand nord du pays où mes frères et moi avions été élevés avec une rigueur tant au niveau de la cellule familiale qu'à l'école. Si elles nous ont servis sur le plan de la morale, de l'éthique, il n'en demeure pas moins qu'elles nous ont aussi appauvris sur plusieurs plans dont la principale est notre incapacité à articuler les langues de cette région du pays au profit de la langue de Molière. Dans tout cet effectif que nous faisons dans une famille comme celle-là à laquelle s'ajoutent des enfants adoptés, je suis le seul qui ai franchi les portes du lycée. Autrement dit, je suis le seul à pouvoir non seulement poursuivre les études au second cycle du collège et, cela va s'en dire, le seul à faire des études universitaires. Pour y parvenir, j'ai dû beaucoup batailler puisque devant moi, il n'y avait personne pour m'orienter dans mes prises de décisions.

Les années passaient mais ne se ressemblaient pas forcément. Il fut une année, mon père décida de nous ramener au village après qu'il a perdu son job dans une société de transformation de produits de rente. Deux ans plus tard, je suis reparti pour une autre petite ville pour continuer mes études après l'obtention de mon Brevet d'Études du Premier Cycle. Là, dans cette ville, mes quatre années d'études ont été un autre calvaire vu que j'ai été seul comme beau privé de toutes nouvelles des parents à cause de l'absence de réseaux, du téléphone ou d'intermédiaires. Des jours comme des nuits passés l'estomac vide, on n'en pouvait pas compter. Mais ma détermination à aller au bout, à réussir a été le carburant de ma motivation.

Mes quatre années d'études dans cette petite ville au centre du pays ont été sanctionnées par un baccalauréat avec une mention Bien. À partir de cet instant, je pouvais me frotter les mains pour dire adieu à la souffrance sur ce long chemin des études mais hélas, c'est sans compter le fait que je suis l'ombre de moi-même et que de parrain, je n'en avais pas, et pour des arguments fallacieux, je n'ai pas non seulement bénéficié d'une bourse en faculté, encore moins d'une bourse d'études à l'extérieur dont j'avais trop rêvé. Je me rappelle comme si c'était hier, un lauréat de la même année me dit « tu vas nous manquer, parce que tu vas voyager pour tes études » ; j'y avais souri et une sensation de contentement avait envahi mon esprit.

J'ai dû m'inscrire en faculté, mais là encore, malgré toute la volonté d'un grand frère, alors jeune fonctionnaire au Conseil Supérieur de la Magistrature, je me suis rabattu sur le village pour m'accrocher à l'enseignement. Contrairement à ce que je m'attendais, cette décision de venir à l'enseignement a été applaudi par ma famille car pour eux, leur fils prodige a gagné un boulot alors que c'était à contre cœur que j'ai abandonné mes études.

À la fin de chaque année scolaire, je réunis mes maigres économies pour me rendre à Cotonou en vue trouver une situation plus stable et qui se rapproche de mes aspirations. Des années se sont suivies mais ce fut le mythe de Sisyphe : un éternel recommencement. À mesure que l'âge avançait, je prenais contact avec des billets de banque, une autre vie a commencé et je devins père. Non seulement je devrais me prendre en charge, économiser pour mes voyages de fin d'années à la recherche du mieux-être puisqu'il faut l'avouer, je n'étais pas heureux dans ce travail que je faisais et qui ne faisait que m'éloigner jour après jour de mes rêves.

De la vacation, la volonté politique avait voulu faire de moi comme tous ceux qui étaient dans la même situation, des agents de l'État à travers le reversement dans la fonction publique. Vu que les charges augmentaient, malgré une revalorisation salariale, rien ne changeait de ma situation financière. C'est alors que j'ai décidé de me lancer dans la création d'entreprises. La première fut la mise en place d'une cabine téléphonique à l'avènement des réseaux GSM qui n'a tenu le coup que quelques mois seulement. Ensuite j'ai ouvert un centre informatique qui cette fois-ci, marcha les deux premières années, me faisant oublier petitement mes ambitions de m'éloigner de ma zone de confort pour me faire une autre version de moi. Ce dernier a aussi échoué pour des raisons qui dépendaient très peu de paramètres extérieurs que de moi-même parce que fondamentalement, j'étais trois fois ignorant des vrais principes de base d'intelligence financière et de gestion d'une entreprise. À ce moment même j'étais fauché, ça, il faut le reconnaître, mille et une pensées négatives pouvaient se relayer dans mon cerveau en quelques secondes seulement.

Au moment où le centre informatique donnait de son mieux pour nourrir le propriétaire que je fus l'après-midi d'un samedi du mois de janvier, assis devant la porte et profitant de ce vent mi-chaud mi-froid qui caressait mes épaules, je reçus la visite de deux hommes qui me firent une proposition d'être candidat aux élections pour être leur représentant au sein du conseil communal ; ce que j'ai accueilli avec une banalité déconcertante suivie d'un éclat de rire. L'un deux, le plus âgé, reprit d'un air sérieux et rassurant : nous n'avons besoin que de ton accord puisque nous avons déjà rencontré ton frère qui nous a donné son accord de principe. Au regard de l'estime que j'avais pour les deux, une voix intérieure me suggéra de prendre au sérieux ce qu'ils viennent de te dire. Après m'être ravisé, je leur promis une réponse les jours à venir. Après analyse et une consultation de mon environnement immédiat, mon retour ne tarda pas à leur parvenir et ce, pour les remercier pour cette invite et leur donner mon aval à ce sujet puisque j'ai entrevu une ouverture vers les lendemains que je souhaitais en cas de succès. Sur cette base, je commençai de larges consultations auprès des collègues dans un premier temps, les femmes, les artisans, les conducteurs de taxi-moto, les sages et notables. En clair, tous les indicateurs étaient au vert, partout où je passais j'avais le vent en poupe. Je m'imaginais déjà en train d'entretenir de très bonnes relations avec des autorités politiques au niveau local, communal, départemental, national et même international. Là encore, ce fut sans compter avec la méchanceté gratuite des gens qui se faisaient passer pour des décideurs. Pendant des années de préparation d'un terrain pour une élection à laquelle je n'ai pas participé, j'ai essuyé des revers, des calomnies, des injures de tous genres, des diffamations que j'étais obligé d'encaisser suivant les conseils d'un mentor qui me disait que je devrais m'y adapter puisque ce pourri monde de politique était ainsi fait. Je me sentais très mal vu que du point de vue moral et comportemental, j'étais complètement meilleur a beaucoup de mes détracteurs. Ce fut des moments très terribles pour moi, j'ai souffert au point même de regretter ma vie. Ce que j'ignorais à la perfection en ce moment était que les plans cosmiques avaient des surprises pour moi et que je devais passer par ces baptêmes de feu. Je devrais laisser l'univers se charger des détails. J'ignorais complètement les lois du silence et de la méditation en ce moment, alors que je les pratiquais. Puisque tout bon résultat doit être celui issu d'un processus, ces techniques de connexion de mon égo avec mon Moi Supérieur ne donnaient rien de bon puisque j'ignorais les règles, au lieu de me concentrer sur le présent, je me plongeais profondément dans mon passé pour naviguer dans les eaux troubles de mes vieilles habitudes, de mes ressentiments. Je fus longtemps dans cette prison émotionnelle créée par mon conditionnement du passé. C'était douloureux et ça ne plaisait aucunement à mon âme.

Un soir, assis devant la porte de ma maison, indisposé par les bruits des enfants qui jouaient, en toute inconscience, l'esprit me déporta dans un bois non loin de chez moi, puisque mes pensées s'y étaient envolées. Je regagnai le lieu à moi indiqué par une voix intérieure, puis c'était le lieu et le jour de mon illumination. À mesure que je m'y promenais, entendant les chants mélodieux des oiseaux, sentant le silence inspirant parfois, je me rassis sur un tronc d'arbre, les jambes croisées, savourant les merveilles du vent frais qui me frôlait le corps. Comme un alchimiste, je pouvais comprendre presque justement les messages véhiculés par ce vent, les oiseaux et même le silence parfois plat qui régnait en ce lieu. Tout à coup, je sentis solidaire à mes jambes croisées un bout de papier emporté par le vent. Ce fut une ancienne feuille de composition d'expression écrite jetée par des écoliers qui y passaient pour rejoindre l'école juste derrière. Les quelques mots, source de ma reprogrammation mentale, inscrites sur le bout de papier furent : **Pourquoi-lis-quitte.** J'avoue que cela n'eut absolument aucun sens pour moi, ça n'a réveillé aucun sens en moi mais au moment de jeter le bout de papier, je sentis une lumière l'éclairer, m'obligeant à y accorder une attention particulière. Confidence pour confidence, j'arrivai à trouver un sens à ces mots disposés dans ce désordre dont le soin était laissé aux apprenants d'en faire l'ordre.

-Au mot « **pourquoi** », je pus associer la question : pourquoi suis-je prisonnier de la vanité et du désespoir ?
-Au mot « **lis** », je pus associer : que devrais-je lire ?
-Au mot « **quitter** », je pus associer : quitter où ?

Les réponses à ces questions sont la base du fruit que je suis aujourd'hui puisque j'ai cessé d'être victime et prisonnier du passé, de répéter les vieux souvenirs usés pour enfin retrouver un sol fertile de créativité. Comment suis-je parvenu, vous le saurez puisque vous tenez toujours entre vos mains ce livre. Mais si votre intelligence tant émotionnelle que financière vous convient déjà, je vous prie de donner ce bouquin à quelqu'un d'autre qui pourra jouir du contenu. Je vous vois sourire, puisque votre sagesse et désir de vous améliorer est plus fort que tout. Continuez alors de lire et vous serez à l'arrivée, comblé à la limite de vos attentes.

Tout l'exposé présenté dans ce livre est l'ensemble des réponses aux grandes interrogations qui sont les suivantes :

❖ Quel est le principal but de la création de l'être humain ?

❖ Quelles écoles ont-ils fréquenté, les plus riches de la terre et pourquoi ne représentent-ils qu'une infime partie de la population mondiale ?

❖ Quelles sont les sources fondamentales de l'abondance et du manque ?

❖ Pourquoi des individus ayant une vie modeste sont toujours heureux alors que d'autres complètement à l'abri du besoin demeurent insatisfaits ?

Votre rôle dans le kaléidoscope de l'univers et la mise en œuvre de principes et lois physiques et spirituelles peut permettre à coup sûr d'accomplir votre mission sur terre et non de la trahir.

Chapitre 1

Conception de la richesse : les 4 dimensions de l'évolution de l'humanité

« La pleine vie dans une ère est intimement liée à la connaissance et la mise en pratique de principes et outils y afférents ; elle ne doit se faire au hasard »

N. AKOMOTE

L'accumulation de richesse, étalon du succès social, est diversement appréciée d'une ère à une autre. Pour en amasser et se développer, il convient d'en maîtriser les outils et les habiletés relatifs à chaque ère.

Première dimension : l'ère de la chasse, la pêche et de la cueillette
Outils : lances, flèches, arcs, pierres, etc…
Habiletés : droiture.

Un chasseur à l'ère de la chasse et de la cueillette

Les animaux, les végétaux étaient source de richesse. Les personnes favorisées étaient celles qui possédaient ces outils (lances, arcs et flèches) et pouvaient en faire bon usage. Globalement, la nature était la source de toutes les richesses. Les tribus cherchaient la nourriture dans leurs environnements immédiats. Pour survivre, il fallait savoir chasser et cueillir. La tribu faisait office de sécurité sociale. En matière de richesse, tout le monde était au même niveau de vie économique y compris le chef de tribu.

Deuxième dimension : L'ère agraire
Outils : la houe, la machette, les machines agricoles, etc....
Habiletés : bravoure

Le travail de la terre à l'ère agraire

À cette ère, la source de la richesse était la terre. L'élevage et l'agriculture étaient les principales activités. Les rois et les reines furent propriétaires des terres que les paysans exploitaient et payaient une redevance. Du coup, les détenteurs de richesse furent incontestablement les propriétaires terriens, c'est-à-dire les rois et reines. Les pauvres furent ceux qui n'en possédaient pas ; les paysans même si ce sont eux qui travaillaient. Toute la classe inférieure se donnait à la terre de sorte qu'à un moment donné, la production devins très abondante au point qu'elle ne pût se limiter à la simple consommation.

Troisième dimension : l'ère industrielle
Outils : les machines, les pièces de la mécanique
Habiletés : intelligence due à une bonne éducation

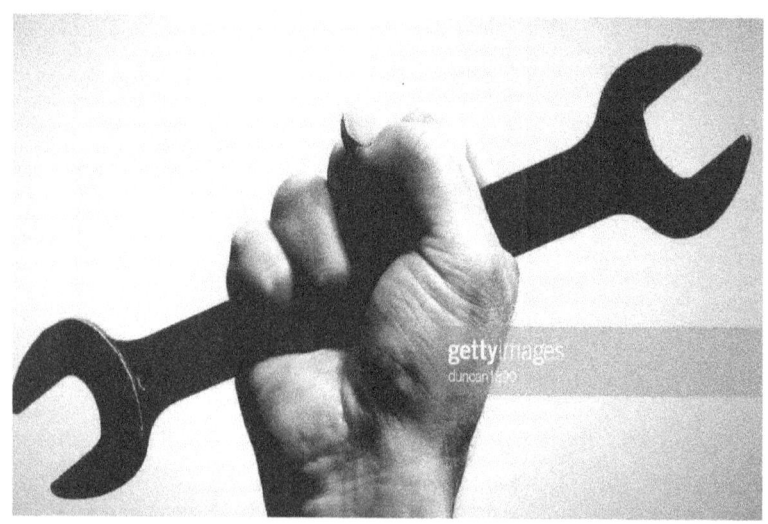

Un outil de travail en mécanique sur les machines

À cette époque, les terres agricoles et même celles non cultivables prirent de la valeur. Le capital est devenu source incontestée de richesse. Une minorité seulement pouvait en acquérir pour installer des machines pour la transformation de la matière première. En dehors des produits vivriers et de rentes, le fer, le cuivre, le caoutchouc et le pétrole devinrent des sources de richesse. La notion de richesse prit de valeur au point où il se dégagea trois classes, savoir celle des riches, celle moyenne et celle des pauvres.

Quatrième dimension : l'ère de l'information ou de l'économie du savoir
Outils : l'internet, l'information.
Habiletés : L'intelligence, le talent

La toile : le monde connecté à l'information

Officiellement débutée avec l'invention de l'ordinateur numérique, l'information, source de richesse, est véhiculée au moyen de la technologie. Les plus riches devront être les *TRAVAILLEURS DU SAVOIR* (KNOWLEDGE WORKERS). En quelques secondes, une information peut parcourir toute la planète et atteindre même les coins les plus reculés de la terre à mesure qu'ils soient couverts. Ici le prix à payer pour s'enrichir est moindre et à la portée de tout le monde. Malgré ça, les pauvres restent encore les plus nombreux. 95% des richesses du monde sont détenues par seulement 5% de la population mondiale et 5% des richesses restantes sont détenus par les 95% restantes. Une nouvelle classe a émergé en dehors des trois identifiées à l'ère industrielle : la classe des super riches. Cette ère est la plus englobante puisque toutes les activités des ères précédentes peuvent être menées pour amasser de la richesse.

La très bonne nouvelle est que l'information, source de richesse est gratuite. La mauvaise nouvelle est la surabondance de l'information (trop de télé, de temps inutiles sur les réseaux sociaux, trop de temps perdus sur les téléphones). Quoique disponible et accessible à tous, le plus important est non seulement de savoir identifier les sources d'informations les plus crédibles et d'en faire usage à bon escient. Classifier les informations selon qu'elles sont pertinentes, crédibles et fiables. Même si les cours d'intelligence financière se donnaient ou étaient apprises, l'ère de l'information s'offre la mieux pour une autoformation à moindre coût pour atteindre un succès stratosphérique. Les bonnes informations sont de puissants passifs pour nourrir l'esprit qui en est l'actif le plus puissant. Le nourrir convenablement, c'est se prédisposer à arborer l'étendard d'une vie de liberté non seulement financière, mais aussi émotionnelle.

À l'ère de l'information, en un clic sur l'outil et la page appropriés, on peut se connecter aux plus grandes bibliothèques et plus grands cerveaux du monde. Des siècles auparavant, la bible a déjà entrevu que le peuple qui manque de connaissances périra. C'est une évidence et personne ne peut le contredire. Rien qu'avec une once de liquidité financière, de très jeunes gens, à l'instar de Ryan Breslow, spécialisé dans le E-commerce, ont payé l'information qui les a rendus financièrement autonomes. À l'inverse, lorsque vous nourrissez votre esprit de piètres informations, inadaptées et dépassées, vous restez aussi piètre individu. L'exemple du richissime homme Bill Gate est fort illustratif parlant de ceux qui ont fait fortune à l'ère de l'information sans aussi occulter les fondateurs de Facebook, de google. En 1977, Jimmy Carter, alors président des États-Unis d'Amérique déclara : « si nous indexons le dollar sur les matières premières, son potentiel est grand mais limité ; si nous indexons le dollar sur la connaissance, son potentiel est infini ». En français simple et accessible, il veut juste souligner l'importance de la connaissance comme source intarissable de richesse. Contrairement à l'ère industrielle où les salariés, les diplômés et les fonctionnaires détenaient le plus grand pouvoir d'achat, l'ère de l'information n'est plus leur seul apanage parce que la connaissance source de richesse est disponible à qui veut, provient d'une source intarissable, infinie. À l'ère de l'économie du savoir, tout le monde naît avec du pouvoir d'achat et enfin, le pouvoir d'achat ne dépend que de chacun.

Les quatre catégories de riches

La richesse illumine la médiocrité

Proverbe

La richesse matérielle et financière détermine la réussite sociale. Les façons de faire fortune ou d'en posséder diffèrent d'une catégorie de personnes à une autre. Ainsi, On distingue quatre catégories de nantis.

Les premiers sont les héritiers que Jim Stovall appelle les "gagnants de la loterie génétique". Ils désignent l'ensemble des individus qui disposent d'un droit de succession à la gestion d'un patrimoine. Le bien hérité peut être en espèce comme en nature. Mais dans cette catégorie, on distingue les faux riches et les varis riches. Les premiers ont de l'abondance qui peut s'effriter dans le temps parce qu'ils n'ont pas la mentalité qui en assure la pérennité. Ils n'ont aucune notion de base de l'intelligence financière axée sur l'investissement. C'est à dire qu'ils ne profitent de leur richesse que pour un temps et redeviennent plus indigents qu'ils pouvaient ne pas l'être s'ils n'avaient pas été héritiers. Actuellement, le lieu où j'officie est une zone périphérique dans une commune en pleine urbanisation. Le foncier a une valeur inestimable. Les parents ont légué à titre d'héritage, de vastes domaines à leurs descendants. Ces domaines ont été presque tous vendus et c'est à croire que les acquéreurs sont devenus les autochtones. Ce qui est scandaleux, c'est le principal motif des ventes de ces domaines : faire des réjouissances inopportunes alors que plusieurs parmi ces vendeurs n'arrivent à assurer convenablement la scolarité de leurs enfants.

La seconde catégorie est celle des fonctionnaires bien rémunérés qui ont une bonne éducation financière. Un de mes mentors m'a dit une fois que le salaire est un sale air qui pollue l'environnement d'un individu qui est à la solde de l'État ou d'une structure privée. De ce point de vue, quel que soit la valeur de la rémunération dans le fonctionnariat, il est important pour espérer vivre une vie de son choix et d'aller à la retraite avant la retraite programmée (antichambre de la mort), d'investir ses gains afin d'assurer un lendemain meilleur aux générations futures. C'est une question de responsabilité.

La troisième catégorie est celle des entrepreneurs. Dans le cadran de cashflow de R. Kiyosaki, cette classe de riches précède les investisseurs. Ils créent une ou des entreprises et recrutent des gens qui réfléchissent et travaillent à leurs places puis les paient en retour. Cette classe de créateurs de richesses est commune à l'ère industrielle comme celle de l'information. Dans la troisième dimension de l'évolution de la civilisation humaine (l'ère industrielle), le propriétaire d'une industrie est un cas illustratif. À partir de son entreprise de fabrication de voitures, il a non seulement fait fortune mais il a aussi créé des milliers d'emplois et légué de l'héritage à des générations de sa lignée généalogique. À l'ère de l'information, faire fortune est devenu plus facile puisque rien qu'avec un smart phone, une connexion internet et une connaissance intrinsèque tout individu qui le désire peut faire fortune depuis son canapé à la maison. Le plus important n'est pas de tout savoir mais de savoir où tout se trouve. Les exemples sont légion et je prends Olivier Roland, jeune français auteur du best-seller, *Tout le monde n'a pas la chance de rater ses études,* qui a abandonné ses études à l'âge de dix-huit ans pour se lancer dans la création d'entreprise. Aujourd'hui il vit sa vie de rêve et voyage un peu partout dans le monde, ce qu'un fonctionnaire ne peut se permettre de faire même s'il en a les moyens puisqu'il a tout sauf la liberté de son temps.

La quatrième catégorie est celle des investisseurs. Ce sont des personnes physiques ou morales qui allouent une part de capital disponible dans l'attente d'un retour sur investissement. Ils peuvent investir dans des actions, des obligations, des produits dérivés, des devises, de la matière première, de l'immobilier ou tout autre actif. Ce sont des individus qui ont une très bonne connaissance sur les passifs (qui enlèvent de l'argent) et des actifs (ensemble des biens et services qui créent de la richesse). Pour cette catégorie, contrairement à la précédente où ce sont des Hommes qui sont les créateurs de richesse de l'entrepreneur, c'est l'argent qui permet à l'investisseur de faire fortune. L'objectif d'un investisseur est de dégager et de faire croître les bénéfices en augmentant la mise de départ. Loin de la peur, l'investisseur prend des risques calculés afin de maximiser le rendement. Sir Francis Bacon a dit à cet effet : « Celui qui recherche le gain sans risques, ne sera jamais très riche et celui qui prend tous les risques connaîtra la pauvreté : il est donc sage de préférer la certitude à l'aventure ». C'est la catégorie des Hommes les plus prospères et les plus épanouis. Ils vivent leur vie en ayant le contrôle sur presque tout, surtout le temps.

Conception religieuse de la richesse

La religion est l'opium du peuple
Karl Marx

L'église et l'argent

La question d'acquisition de biens matériels en l'occurrence l'argent, a été longtemps perçue par l'église comme un moyen de rater le paradis convoité par tout croyant biblique. J'en veux pour preuve, le verset Mathieu 5 : 3 de la bible : « heureux les pauvres, car ils hériteront le royaume de Dieu ». Un autre, toujours dans le livre de Mathieu au chapitre 19 verset 24 stipule qu'il serait plus difficile à un riche d'entrer dans le royaume des cieux qu'à un chameau de passer par le trou d'une aiguille. Pour ma part, l'interprétation de chacun de ces versets a été sortie de son contexte devenant ainsi un prétexte. Pour ce qui est du premier, il ne s'agirait pas de pauvres par rapport à l'acquisition de richesse mais de pauvre en esprit. Pour le second, c'est plutôt bien d'être riche mais pointe un doigt les conséquences lorsqu'elle n'a pas fait objet d'un bon usage. Or l'argent, objet neutre inventé par l'homme lui-même, s'invite dans tout type de relation ou d'actes. Le dirigeant de l'église, les fidèles tout le monde en a besoin ! Comment alors accepter que quelqu'un qui fait le choix de donner sa vie aux autres pour s'accrocher à l'architecte de l'univers doit-il en manquer ! Nous sommes dans un monde où chacun doit prendre ses responsabilités. C'est alors une illusion manifeste, une chimère créée par les impérialistes pour mieux asservir et assouvir les peuples que de croire à cette aberration qui dit que la condition pour hériter du royaume des cieux est la pauvreté. Dieu est abondance, et l'Homme créé à Son image pour perpétuer la création sur terre ne serait plus à cette image alors ! Une chose me paraît assez intéressante puisque la même bible, dans les versets suivants, démontre à suffisance combien l'acquisition de l'argent se veut impérieuse. Dans la panoplie de versets qui en témoignent, lisons dans, Ecclésiaste 2 verset 8 : « Je m'amassai de l'argent et de l'or, et les richesses des rois et des provinces. Je me procurai des chanteurs et des chanteuses, et les délices des fils de l'homme, des femmes en grand nombre » et au verset 9 du dixième chapitre, on peut lire : « on fait des repas pour se divertir, le vin rend la vie joyeuse, et l'argent répond à tout » : Il ressort clairement de ces versets que l'argent est le maître mot qui permet de se faire un statut social et de vivre sa vie et non de mener une vie par procuration sous le fallacieux prétexte de la quête d'une vie paradisiaque dans la misère.

ROUSSELL Cowbell, dans son livre les *hectares de diamant*, fait une analyse pointilleuse au sujet de l'argent et ce que devrait être sa croyance dans les églises. À cet effet, il dit que : « l'argent est un pouvoir et pour en avoir vous devez être raisonnablement ambitieux ! Vous le devez parce que vous pouvez faire plus de biens avec de l'argent que sans argent. L'argent a permis l'impression de la bible, l'argent a construit les églises, l'argent a envoyé les prêtres en mission. L'argent rémunère vos prédicateurs et vous n'en auriez pas beaucoup s'ils n'étaient pas bien payés ».

L'islam et l'argent

« Quiconque vit selon ses moyens souffre d'un manque d'imagination. »
OSCAR WILDE Écrivain irlandais, auteur du Portrait de Dorian Gray

La perception de l'argent en islam comporte certains caractères particuliers. L'argent est considéré comme un outil de mesure de la valeur et non un actif en soi. Du point de vue spirituel, la richesse est beaucoup plus perçue comme une épreuve que comme un bien en soi. Religieusement parlant, la fortune est une sorte de mise à l'examen de l'homme argenté quant à son attachement viscéral aux biens de ce monde. En islam, les investisseurs seront les malheureux au jour du jugement dernier puisque la génération de l'argent par l'argent est proscrite, elle ne serait pas conforme aux prescriptions coraniques. Les prêts usuraires y sont formellement interdits et c'est pourquoi dans les banques islamiques, les taux d'intérêt sont très faibles. Même si ces principes ne sont pas respectés partout, les textes islamiques authentiques s'en frottent les mains. Or, il n'est pas interdit de s'enrichir pour entreprendre et fructifier les investissements en vue de produire et de faire profiter tout l'entourage et par-delà, toute la société ; cela devient un acte louable.

Dans la tradition islamique, l'argent n'est pas nécessaire au bonheur. Bien au contraire, ce serait, pour ce courant religieux, la générosité qui rendrait heureux et procurerait un sentiment de satisfaction. Le glorieux coran, dans sa sourate 96 [l'adhérence] versets 6 à 7 dit : « Prenez garde ! Vraiment l'homme devient rebelle, dès qu'il estime qu'il peut se suffire à cause de sa richesse. » C'est une mise en garde puisque le constat est récurrent et c'est pourquoi le coran attire l'attention des croyants sur une telle conduite afin de se prémunir de ses méfaits.

Les enseignements coraniques créent une psychose autour de la question de l'acquisition des richesses. De peur de ne pas tomber dans les vices par rapport auxquels des avertissements ont été faits, le croyant en quête du paradis peut se contenter du peu ou de vivre une vie par procuration.

Chapitre 2

Le défi du futur, entre exigence et fantasme

« C'est votre attitude, bien plus que votre aptitude, qui détermine votre altitude ».

Zig Ziglar

Une plantule qui adore son développement

Ceci renvoie à la notion de développement personnel qui est un processus de transformation personnelle qui vise une meilleure version de soi à travers un phénomène osmotique entre flamme intérieure ou conviction et l'ensemble des actes que pose chaque individu. Au vu de cette définition, allons voir si chacun devra en faire une préoccupation. Le développement personnel est devenu, depuis quelques années maintenant, le sujet dont tout le monde parle. Comme une plantule depuis la graine jusqu'à la forêt qu'elle peut engendrer, tout individu doit pouvoir se réaliser seul surtout pour son accomplissement personnel et impacter tout son entourage. C'est le processus de phytomimétisme. La plantule si non la graine est semée ou jetée sur un sol où elle doit se "battre" pour pousser, croitre, fructifier et perpétuer sa nature. La plantule s'efforce elle-même, à travers ses racines à puiser du sous-sol toutes les ressources dont elle a besoin pour sa survie. Elle est capable de s'adapter aux conditions climatiques parfois défavorables pour assurer son maintien en attendant la faveur des saisons. Pour ce qui est de l'homme, c'est encore plus facile, puisque l'architecte de l'univers a placé en lui des capacités au-delà du suivisme et de la soumission aux conditions actuelles qui s'imposent à lui. Il a la possibilité de raisonner et d'opérer un choix, de quitter la zone qui ne lui est pas favorable, sa zone de confort pour s'affirmer et vivre à fond sa vie d'élu de Dieu. Cela est encore d'autant plus facile que l'homme a la possibilité, à l'inverse de la plantule, de se faire tenir par les mains, se faire coacher pour atteindre ses objectifs.

Abraham Maslow a déterminé en 1940 que nous avons cinq niveaux principaux de besoins. Ceux-ci évoluent selon l'âge et la position que nous occupons dans la société au cours de notre existence. Une image de cette pyramide permet de s'y projeter.

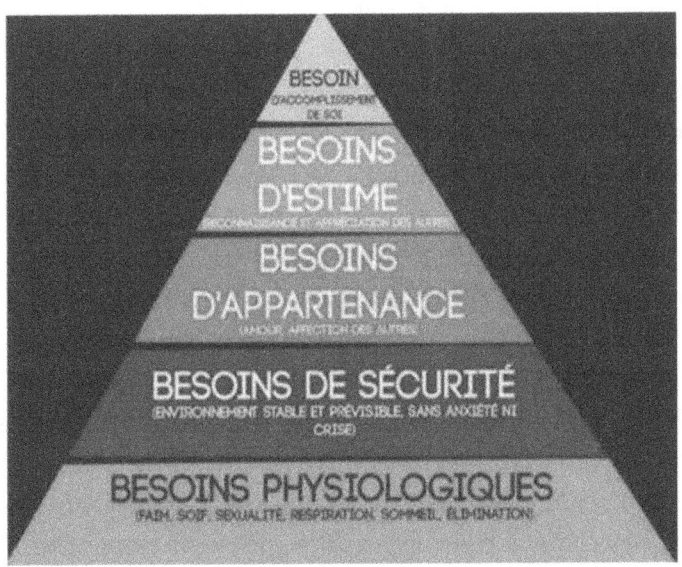

Pyramide des besoins d'Abraham Maslow

Après avoir comblé les deux premiers, liés à nos besoins primaires, nombreux sont ceux qui se sentent parfaitement heureux sans aller jusqu'en haut. Pourtant, les trois premiers sont primordiaux pour trouver un équilibre de base. L'idéal pour chaque individu est d'atteindre le cinquième niveau car, créé à l'image de Dieu donc à partir de la substance informe, l'homme est appelé au stade de la perfection pour pouvoir perpétuer la cocréation pour laquelle il a été envoyé sur terre. Il suffit de le vouloir et d'agir d'une certaine façon pour y parvenir. Avant la venue de tout individu sur terre, la mission qui lui a été assignée est aussi limpide que l'eau de roche.

Il est alors d'une évidence inconcevable que l'homme reste à l'état de nature et se refuse d'accomplir sa destinée au mépris des principes divins et de la volonté manifeste du tout Puissant créateur de l'univers et de tout ce qui s'y trouve. Quel que soit le moment, l'âge ou les circonstances, c'est en te posant des questions, en cherchant pourquoi et comment certains ont réussi à se dépasser que tu progresses et récoltes les délicieux fruits le long de ton parcours. Il s'agit bien d'un chemin initiatique qui mène vers le bien être. Il est parfois difficile au début, mais à petites doses, en avançant doucement, à son rythme tout en s'assurant que les petites habitudes produisent de grands résultats, il peut aussi être doux et agréable. Et chacun peut avancer différemment mais en gardant à l'esprit que le chemin est plus important que le résultat. Plusieurs techniques ou modes de pensée ont été abordées dans ce livre pour te permettre de mobiliser tous les soldats de ton armée à la conquête du bonheur souhaité. Il y a matière à lancer des recherches et faire des découvertes. C'est en testant, en expérimentant que les hasards se présentent et que de nouvelles portes s'ouvrent.

    Seul(e), en groupe ou avec de l'aide, il est possible de changer si tu en prends l'engagement. Ensuite le plaisir du cercle vertueux se met en place et emmène au mieux-être. La croissance personnelle est en marche pour tant de gens que les livres, les films, et les conférences fleurissent partout. Profite de l'expérience des autres, guéris-toi de tes maux avec l'aide des thérapeutes ou de techniques « magiques », mets-toi en action avec l'aide des coachs qui mettent tout en œuvre pour te faire progresser encore plus et profite alors des résultats qui en découleront.

Chapitre 3

L'enseignement classique et l'intelligence financière : l'école classique face aux défis du XXIe Siècle

« Un langage clair engendre une pensée claire, et une pensée claire est le principal avantage de l'éducation »

RICHARD MITCHELL

Beaucoup de gens pensent qu'il suffit aujourd'hui de s'inscrire dans une école de prestige pour apprendre à créer tout le miracle que celle classique est incapable de faire de nos jours à cause des connaissances presque inadaptées qui inhibent la créativité ! Rien n'est moins vrai ! Se faire sa place aujourd'hui dans le monde pour se hisser au sommet de la pyramide des connaissances, vivre son bonheur dans la liberté au lieu de 40 ans de service dans la servitude, il y a une autre école qui enseigne toute une autre façon de penser et de faire les choses sur la base de connaissances adaptées et de principes clés. Car, la vie devient de plus en plus dure et elle le devient davantage lorsqu'on choisit de végéter dans le conformisme au lieu d'arborer l'étendard d'une auto transformation. « La vie est dure. Encore plus dure si vous êtes idiot » a dit JOHN WAYNE, STAR DES WESTERNS AMÉRICAINS.

Fondements basiques de l'école dans les colonies africaines

Dans les colonies, l'introduction de l'école dite moderne a eu des avantages comme des inconvénients. Entre autres, elle a permis de créer des administrations publiques pour mieux les gérer surtout après les indépendances. Ce sont ces écoles qui forment les cadres qui vont diriger ces administrations. Et les dirigeants des administrations postindépendances n'ont daigné revoir ce système éducatif conçu et imposé par le colonisateur qui ne forme que des individus à la solde de l'État. Ce dont les Africains doivent savoir, c'est qu'il faut revoir sans condition ce système longtemps devenu obsolète et qui ne répond plus aux exigences du siècle. Cela explique à juste titre, le désintéressement des jeunes qui ne s'adonnent plus au travail pour réussir à l'école ou à l'université puisque ne trouvant plus dans les enseignements reçus, les ingrédients nécessaires pour faire fortune et s'affirmer socialement. Pour les plus tenaces qui y résistent, ce n'est qu'après des années universitaires et des diplômes obtenus, que la grande majorité découvre que ce fut du temps vraiment perdu. Cela s'explique par le fait que très peu arrivent à trouver un emploi où ils déploient une partie du potentiel acquis dans les amphithéâtres, d'autres carrément se tournent vers des emplois ou des métiers qui ne concordent pas avec leurs formations de base. L'un des plus grands dangers, c'est de faire de grandes études, jusqu'en thèse par exemple, pour n'être employé qu'au même niveau que quelqu'un qui n'a que le niveau du brevet d'études du premier cycle.

L'école, grand consommateur du précieux sésame « temps »

Le temps est l'une des trois principales monnaies dont dispose l'être humain. Il est créé par Dieu et mérite d'être rationnellement utilisé puisque c'est une ressource non renouvelable. Une ressource d'aussi grande valeur, ne mérite pas d'être sous le contrôle de quelqu'un ou de quelque chose. Or, le système scolaire actuel, ''sachant'' pertinemment qu'il ne te réserve pas trop plus qu'un bout de papier authentifié par le sceau du caché du premier responsable de la structure de formation comportant nom, prénom, date et lieu de naissance, appelé diplôme, te conserve plus d'une vingtaine d'années pour les plus endurants. L'école s'érige ainsi en un grand braqueur de la monnaie la plus précieuse de l'être humain et, de ce fait qualifié par Simon OUEDRAOGO, comme le plus grand voleur de tous les temps.

L'école est à la limite, un lieu de fabrique de pauvres

Les diplômes des années d'il y a plus de vingt ans, s'ils ne sont pas rhabillés conformément aux exigences de l'heure, doivent être invalidés. C'est à ce titre que je suis d'avis avec Jacques ATTALI pour qui les diplômes doivent avoir une date de péremption, puisque pour lui, après un temps relativement long, le principe actif serait mort.

De nos jours, le système éducatif empêche des milliers de personnes de s'épanouir. C'est pourquoi d'autres jeunes s'adonnent à des pratiques dites de raccourcis. Je ne supporte pas certaines de ces pratiques parce qu'elles ne répondent pas aux normes sociales et sociétales telles la morale, l'éthique, l'honnêteté, mais je condamne vertement le système qui aurait pu leur léguer des connaissances adéquates pour atteindre les idéaux poursuivis. C'est comme la question du sexe qui est toujours tabou dans le cercle familial. La société encore moins la rue se chargera de cette forme d'éducation et pour les conséquences, les parents les apprendront à leurs dépens.

C'est inadmissible qu'au XXIe siècle, on continue de prendre des cours de huit heures à dix-neuf heures, avec à la clé, des informations vieilles de plus d'un siècle et que d'ailleurs on peut avoir juste par un seul clic sur le net. Dans un autre livre, cet aspect sera développé de long en large. L'école ne teste que la mémoire et non l'intelligence. Au sens plus large du terme, l'école n'est pas non plus gratuite comme on le consent, puisque c'est avec des années de sa vie que c'est payé. On peut se faire du travail et faire fortune sans Curriculum vitae et de la même manière, on peut rester pauvre et fauché avec un CV bien garni. Donc, aller à l'école et obtenir les grands diplômes ne garantit rien. Dans un pays de la sous-région, des docteurs ont battu le macadam pour dénoncer leur situation de chômeurs. Ce n'est pas forcément leur faute. C'est ce à quoi ils ont été conditionnés depuis leurs cellules familiales. La sagesse conventionnelle nous apprend que pour réussir sa vie il faut bosser dur à l'école, obtenir les meilleurs diplômes, surtout dans les pays francophones. Pour les chanceux qui arrivent à trouver un emploi, quoi que bien rémunéré ou pas, ce boulot devient le seul point de mire pour s'affranchir du joug de la pauvreté, plus rien à faire. Là encore, c'est le système dont on est issu qui tire une grande part de responsabilité, toujours à cause du mauvais conditionnement, le manque d'éducation en matière de créativité. Le seul trajet à parcourir c'est métro-boulot-dodo et le seul mode de réflexion reste comment payer les factures, le loyer et la scolarité des enfants et quelques distractions au besoin. Ainsi, les charges couvertes parfois difficilement, le stress prend place pour ouvrir, non l'autoroute du millionnaire mais celle des maladies qui le précipitent dans la tombe. L'employé vit toute sa vie par procuration.

L'école et le culte de la peur

L'école enseigne la peur, conditionnant le subconscient de l'apprenant à ne pas pouvoir prendre une décision face à des situations qui détermineront sa vie. Rare fois, on entend l'enseignant dire à l'école « si tu fais bien, je vais te gratifier », mais couramment on entend, « si tu ne fais pas tes exercices, je vais te punir ». Ce faisant, le subconscient de l'enfant est mal crédité et c'est ce qui conditionnera plus tard ses différents comportements dans le jeu de la vie. C'est compter avec la fameuse formule de fin de prise de note dans les administrations centrale et scolaire : « tout contrevenant sera tenu responsable des déconvenues qui en découleraient » et jamais tu ne liras « toute personne ayant bien fait sera récompensée ». Ce n'est pas trop leur faute aussi, c'est le même conditionnement qui fait son chemin de petit bonhomme. Sauf que c'est lamentable de ne jamais vouloir changer la donne. Examine la figure suivante que j'appelle la pyramide de la peur et tu verras que sur le plan émotionnel aussi, l'école et ses dérivées institutionnelles ont saboté notre subconscient.

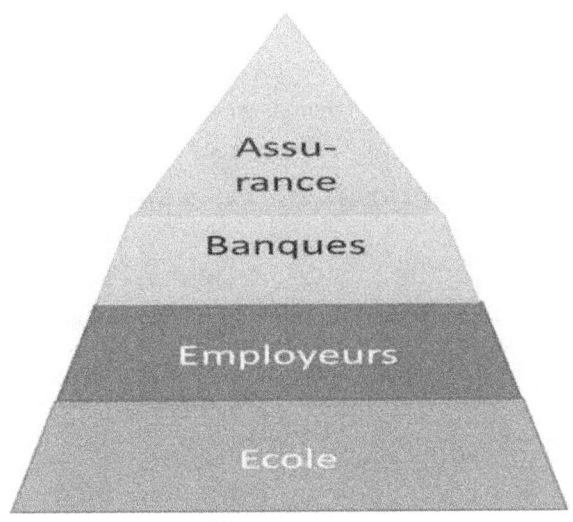

La pyramide de la peur

L'école dans son rôle et sa dynamique de former rien que des bureaucrates soumis à la volonté de l'employeur, conditionne la mentalité du citoyen à la peur, à son incapacité à prendre des décisions même s'il se sent défavorisé. Ainsi, en face de l'employeur c'est plus le « oui patron » que le « je ne suis pas d'accord monsieur » parce qu'il a peur d'entendre « tu es viré ». Dès que l'employé commence à gagner de l'argent au prix de ses quarante heures de bureau par semaine, c'est le moment pour les banquiers de se pointer pour lui faire la cour et lui proposer de bancariser son argent au risque de se faire braquer ou dépouiller. Toujours la peur. Au sommet de la pyramide se logent les assureurs qui proposent leurs services pour garantir les risques de tout genre au besoin. Tellement ses courtisans sont mieux outillés pour convaincre, à mesure qu'il prend le temps de les écouter. L'énergie qu'ils communiquent hante les sommeils des résistants de premières heures qui finissent par céder à la douce pression. Toujours la peur. Or cette peur n'est qu'un monstre mental qu'on se crée. Elle n'existe nulle part. C'est vrai que dans le cas de l'argent en espèce, la loi n'autorise qu'un montant limite à pouvoir garder sur soi pour sa sécurité.

Les défis du XXIe siècle

L'école a, à ce jour démontré son incapacité à fournir les outils nécessaires pour solutionner les problèmes existentiels dont le meilleur est la quête de sa liberté par l'accomplissement de soi. La responsabilité revient alors à chacun de se transformer pour sortir de ce moule, pour s'affranchir de cette convention qui condamne au conformisme prophétisant que le bonheur est intimement lié à l'asservissement.

L'école et la quête du nerf de guerre

Inutile de passer par quatre chemins pour démontrer que l'école ne s'invite pas sur le panel des systèmes qui offrent les vraies possibilités de faire fortune. La preuve en est que quand on regarde dans notre environnement immédiat, les plus nantis sont souvent ceux qui ont quitté le système scolaire ou qui n'y ont jamais mis pied. N'empêche que l'école ou le système classique permet aux plus chanceux d'être à l'abri du besoin dans les administrations aux grands avantages. Jim Rohn disait à cet effet : « L'éducation formelle vous aidera à vous faire une vie, l'auto éducation vous aidera à faire fortune. » Il n'est pas rare, sinon que le constat est d'ailleurs récurent, de voir des professeurs d'économie pauvres, des professeurs de cours de gestion de projet n'ayant jamais dirigé un projet. Le cas de plusieurs personnes ayant fait fortune tant au XXe et au XXIe siècle justifie le fait. Thomas Edison n'a fait que trois mois à l'école. Pourtant il s'est enrichi par la création de l'ampoule électrique. Henry Ford, le géant de l'industrie de l'acier et de fabrication de véhicules aussi.

Sébastien AJAVON n'aurait que le niveau de la classe de quatrième pour commencer les affaires, mais il a employé des cadres de renom dans ses sociétés. Où se trouve alors la place de l'école dans l'enseignement de la richesse si les moins nantis en diplômes sont les plus fortunés ? Non, l'école classique forme plus à la théorie. Même l'usage de facteurs cognitifs qui fait bien sûr la différence entre pauvres et riches n'est pas abordé dans les écoles. Juste que l'école forme au bavardage, comme l'a dit le président Patrice TALON à l'occasion d'une tournée gouvernementale à l'intérieur du pays lors de ses séances de reddition de comptes après des années d'une conduite de changement en matière de gestion de ses politiques. J'avoue qu'en son temps, sa déclaration était mal venue pour plusieurs enseignants même d'université. Mais à y analyser de près, c'est bien une vérité indémontable.

La responsabilité individuelle dans le jeu « flou » de l'école

Être différent n'est ni une bonne ni une mauvaise chose. Cela signifie simplement que vous êtes suffisamment courageux pour être vous-même
Albert CAMUS

Être différent dans le contexte de Albert Camus, c'est prendre ses responsabilités pour sortir du moule du conformisme et aller au-delà. Arborer l'étendard d'un nouveau mode de pensée, de perception et donc d'actions. Je l'appellerai une reprogrammation mentale et intellectuelle pour retrouver ses vraies valeurs identitaires. Une étude comparée des acquis ou du conditionnement de l'école et les règles du jeu de la vie pousse à plus s'interroger sur l'influence du système classique scolaire dans l'affirmation et la réalisation de soi. Suivons.

Indicateurs	Dans la vie sous contrôle	Dans le jeu de la vie
Se conformer au moule	Seule voie	Mauvaise voie. Mieux se transformer
Rester à sa place	Seule voie	Voie de la soumission
Discuter l'autorité	Interdit	Nécessaire
S'exprimer librement	Déconseillé	Vital
Être autonome	Déconseillé	Vital
Question/réponse	Trouver la meilleure réponse	Trouver la meilleure question qui a justifié cette réponse
Travailler en groupe	Seulement pour les travaux sans importance Sinon c'est tricher et c'est réprimandé parfois très lourdement	Vital, recommandé. Passer même de l'intelligence collective à la super intelligence collective

Une analyse approfondie du tableau montre suffisamment que si l'école est le commencement, elle est de loin le facteur déterminant dans le processus de la marche vers l'accomplissement de soi, de la réalisation de sa légende personnelle.

La reprogrammation et la découverte de l'état de conscience pur de l'être est la matrice énergétique qui pose les fondements du puissant modèle de l'accomplissement de soi. Cette reprogrammation sera un point d'inflexion pour la courbe autrefois en spirale qui caractérisait notre marche vers la terre promise qu'il serait difficile, voire impossible d'atteindre si les mêmes attitudes et habitudes perduraient. Il serait inconcevable d'adopter la même attitude comportementale toutes les fois et espérer à un moment donné des résultats différents. À ce propos, j'aime bien Steve Jobs à travers cette déclaration : « Quand vous grandissez, vous avez tendance à prendre le monde comme il est, et à vous dire que votre vie est comme ça, dans le monde. Il ne faut pas trop se cogner contre les murs, avoir une famille sympa, épargner un peu d'argent… Ça, c'est une vie très limitée. La vie peut être bien plus vaste une fois que vous découvrez un fait très simple : tout ce qui vous entoure et que vous appelez la vie a été fabriqué par des gens qui ne sont pas plus intelligents que vous, et vous pouvez le changer, vous pouvez l'influencer, vous pouvez construire vos propres objets, que d'autres personnes utiliseront. Une fois que vous apprenez ça, votre vie ne sera plus jamais la même. »

Dans ce vaste programme dit de reprogrammation il sera question de trouver son illumination par reconditionnement de son subconscient suivant des principes simples et efficaces, d'épouser la philosophie adéquate, de développer son leadership personnel et d'adopter une très bonne attitude mentale à nulle autre pareille.

Chapitre 4

L'illumination

« L'illumination, c'est la « la fin de la souffrance ».

GAUTAMA LE BOUDDHA

La société est en perpétuelle évolution à l'exception d'un phénomène (le conformisme) qui ne devrait pas stagner : la plupart des gens se conforment aux normes en vigueur qui ont cessé de faire leurs preuves, se cantonnant aux rôles à eux dictés par autrui. Ce conformisme est une constante de l'humanité, car l'être humain est un animal social. Alors que tous les êtres humains sont venus sur terre possédant la même matière première, la même ressource dont l'usage fait la différence entre l'indigent et le nantis : L'ESPRIT. C'est le plus grand actif que possède un homme pour assurer à la perfection son rôle de cocréateur à l'instar du Maître des temps et des circonstances. C'est une ressource inépuisable.

L'architecte de l'univers créa l'être humain puis Il plaça en lui cette source de pouvoir dont Il a privé toutes les autres créatures. C'est à dessein. Pourtant, ce puissant actif est abandonné, inutilisé et s'atrophie comme un muscle complètement privé d'activités sportives. Et, on baigne dans un conformisme béat. Ainsi, ceux qui sont disposés à en faire usage pour faire preuve de créativité s'offrent d'immenses opportunités de gagner du pouvoir. Ce secret enfoui en nous depuis la création du monde, jamais enseigné à l'école ni analysé par un professeur quel que soit son rang, doit être entrevu par chacun pour son épanouissement personnel.

À un moment donné de l'histoire, il doit être à la mode de jouer les "rebelles" et non les résignés-réclamants afin de s'affranchir du joug de l'asservissement : Sortir de la pauvreté. La parabole décrite par ECKART Tollé dans son livre le POUVOIR DU MOMENT PRESENT, donne un véritable coup de pouce à mon argumentaire.

"Un mendiant était assis sur le bord d'un chemin depuis plus de trente ans. Un jour, un étranger passa devant lui. « Vous avez quelques pièces de monnaie pour moi ? » marmotta le mendiant en tendant sa vieille casquette de baseball d'un geste automatique. « Je n'ai rien à vous donner », répondit l'étranger, qui lui demanda par la suite : « Sur quoi êtes-vous assis ? » « Sur rien, répondit le mendiant, juste une vieille caisse. Elle me sert de siège depuis aussi longtemps que je puisse m'en souvenir. » « N'avez-vous jamais regardé ce qu'il y avait dedans ? » demanda l'étranger. « Non, répliqua le mendiant, pour quelle raison ? Il n'y a rien. » « Jetez-y donc un coup d'œil », insista l'étranger. Le mendiant réussit à ouvrir le couvercle en le forçant. Avec étonnement, incrédulité et le cœur rempli d'allégresse, il constata que la caisse était pleine d'or.''

Je suis moi-même cet étranger qui n'a rien à vous donner et qui vous dit de regarder à l'intérieur de vous-même. Non pas à l'intérieur d'une caisse, comme dans cette parabole, mais dans un lieu encore plus proche de vous : en vous-même. « Mais je ne suis pas un mendiant », puis-je déjà vous entendre rétorquer. Ceux qui n'ont pas trouvé leur véritable richesse, c'est-à-dire la joie radieuse de l'Être et la paix profonde et inébranlable qui l'accompagnent, sont des mendiants, même s'ils sont très riches sur le plan matériel. Ils se tournent vers l'extérieur pour récolter quelques miettes de plaisir et de satisfaction, pour se sentir confirmés, sécurisés ou aimés, alors qu'ils abritent en eux un **trésor** qui, non seulement recèle toutes ces choses, mais qui est aussi infiniment plus grandiose que n'importe, quoi que le monde puisse leur offrir. A Zig Ziglar de renchérir : « Le plus grand service qu'on puisse rendre à quelqu'un n'est pas de partager sa fortune avec lui mais plutôt de lui révéler la fortune qu'il possède en lui ».

Le terme « illumination » évoque l'idée d'un accomplissement surhumain, et l'ego aime s'en tenir à cela. Mais l'illumination est tout simplement votre état naturel, la sensation de ne faire qu'un avec l'Être. C'est un état de fusion avec quelque chose d'immensurable et d'indestructible. Quelque chose qui, presque paradoxalement, est essentiellement en vous, pourtant beaucoup plus vaste que vous. Être illuminé, c'est trouver votre vraie nature au-delà de tout nom et de toute forme. Votre incapacité à ressentir cette fusion fait naître l'illusion de la division, la division face à vous-même et au monde environnant. C'est pour cela que vous vous percevez, consciemment ou non, comme un fragment isolé. La **peur** survient et le conflit devient la norme, aussi bien à l'intérieur qu'à l'extérieur.

Pour ECKART Tollé, même un nanti qui n'a pas pu se connecter à son Être, est un mendiant. Autrement dit, il récolte dans le milieu extérieur, une fortune dont il ne va pas jouir pleinement. Il jouit des gains obtenus, par concurrence déloyale en développant certains vices. Des outils et techniques vous seront proposés pour tout avoir sans la moindre concurrence. Oui je ne raconte pas des boniments puisqu'au-delà de l'esprit il y a aussi l'âme qui, lorsqu'il n'est pas d'accord avec les choix opérés par l'esprit, la jouissance du bonheur est entachée. Ce n'est pas la pleine vie. La troisième entité qui boucle la boucle est le corps qui mérite aussi cette attention particulière. Au point d'intersection des trois entités se trouve la pleine forme, et Dieu et toutes les forces de l'univers en rient. Tous sont d'accord avec quiconque arrive à ce stade de l'évolution humaine.

Conditionnement de l'esprit humain et influence sur la vie future

Cette incapacité de l'être humain à jouir de la force de son potentiel spirituel ne dépend pas forcément de lui surtout qu'à sa naissance et même avant, les principes actifs en sont détruits. Oui, ce n'est pas faux parce que comme je l'ai dit plus haut, nombreux sont les esprits qui ont été très mal crédités étouffant ainsi l'embryon dans l'œuf. Puisque dès la conception d'un futur bébé, le type d'énergie que sa mère lui communique influence selon le cas, la destinée de l'individu. Voilà pourquoi, il convient en amont, de manifester le meilleur amour à son fils en lui choisissant le meilleur père ou la meilleure mère. Nombreux sont les divorcés sociaux qui en sont des victimes innocentes. Le subconscient est tellement saccagé, tellement nourri de fausses informations que celles-ci deviennent les guides incontestés qui gouvernent la vie de la victime. Le subconscient est le centre du pouvoir de l'homme. Il enregistre toutes les informations sans distinction aucune et les traduit en pensées issues de la croyance de l'individu. Les pensées précèdent les attitudes qui deviennent des habitudes et forgent le caractère pour définir la personnalité de l'individu.

Dans le processus de socialisation de l'être humain, les éducateurs au premier plan (les parents) imprimeraient dans son subconscient, volontairement ou involontairement, des informations qui sont de nature à le désorienter ou à lui faire croire le contraire de ce à quoi il était destiné. Un travail fait par Yvan Castanou montre que plus de 80 % des prisonniers ont entendu dire une fois dans leur vie « tu iras en prison ». Face aux enfants, il convient de maitriser ses émotions pour que même après un acte répréhensible, qu'ils écopent d'un châtiment verbal non dévastateur. J'apprécie une façon de faire des femmes dans les traditions yoroubas du Nigéria lorsque leurs enfants commettent une faute. Au lieu de leur proférer des injures menaçantes à l'allure de malédiction, elles les bénissent indirectement. Elles disent à titre d'exemple « regarde sa tête comme celle des riches ». Puisque cette pratique est déjà encrée dans leur culture, l'enfant est bien conscient qu'il est réprimandé mais aussi ne se sent pas pour autant méprisé mais son subconscient se réjouit d'avoir reçu une bonne accréditation.

Dans le processus de socialisation au second plan, se trouvent les enseignants, qui eux aussi, comme ils ont été conditionnés, répercutent sur les apprenants ce culte de la peur qui est un véritable obstacle entre la petitesse et la grandeur, l'ignorance et l'élévation, la pauvreté et la richesse, le manque et l'abondance. Alors que cette peur n'est qu'une **F**ausse **E**vidence **A**pparaissant **R**éelle (F.E.A.R). Cette peur qui, en réalité, n'existe pas, s'empare de l'apprenant et survient pour parfois s'imposer à lui au moment de prendre une décision importante tant à l'école que dans la vie active. À ces formes de suggestions, s'ajoutent d'autres membres de la société qui extériorisent à tort ou à raison leurs formes de pensées pour maintenir à un niveau de développement mental un individu et parfois même une corporation. Il n'est pas rare d'entendre dire que « les enseignants ne sont pas riches ou qu'ils n'ont pas d'argent ». Ici au Bénin, une ministre d'un gouvernement a aussi dit une fois qu'« on ne vient pas au métier de l'enseignement pour être riche ». Ce sont des conditionnements qui agissent sur le subconscient des intéressés et font croire que c'est une absolue vérité.

Il est vrai que par le phénomène de suggestion (conditionnement par une tierce), la carte mentale d'un individu, pour ne pas dire d'une communauté peut être déprogrammée. Mais il est aussi vrai que cela ne se réalise que si les victimes (personnes conditionnées par suggestion) l'acceptent et l'internalisent. Si c'est avec l'esprit qu'une tierce personne peut conditionner un autre esprit et lui impulser un mode de croyance et de pensée, il n'en demeure aussi pas moins que la victime peut se libérer de ce joug, de cet asservissement pour affirmer sa réelle nature. Avant d'en donner les principes et méthodes, parlons de l'autosuggestion, cet empoisonnement qui vient de la personne elle-même.

L'autosuggestion

Toute chose ne survient dans la vie d'un individu que lorsqu'il s'y concentre vivement. Ainsi donc, une façon de s'y concentrer est dans la majorité des cas, l'ensemble des pensées régulières qu'on se fait soi-même. La meilleure communication faite dans une journée est celle qu'on fait avec soi-même. Ces pensées sont souvent des chaînes du ressentiment du passé. Puisque l'univers dit toujours oui aux pensées, il est important de nourrir son esprit de pensées positives. La clarté de l'esprit, son état pur, est un puissant catalyseur pour les façons d'agir puisque tout part de lui. Toutes les pensées négatives sont surtout la cause d'une mauvaise estime de soi. Ces pensées transformées en affirmations préparent l'esprit subconscient qui pousse à poser des actions efficaces jusqu'à ce qu'elles deviennent une mémoire procédurale. Éviter des affirmations du genre « je suis un incapable », « je suis pauvre donc je ne peux rien faire », « je suis fauché » etc…

Les croyances négatives

Ces croyances nées de l'enfance, de l'éducation et des expériences professionnelles passées ont un effet limitatif fort. Elles incitent au retrait, à la passivité, à l'application bureaucratique des consignes et au blocage de toute créativité. En terme technique, il s'agit d'introjection. L'introjection est une croyance non critiquée, un préjugé, quelque chose qui ne m'appartient pas et que j'utilise comme système défensif. « Je n'y arriverai pas ; je suis incapable ; je suis pessimiste ; je me résigne ; je me sens seul ; je dépends de l'avis des autres ; je suis lent ; je me laisse dominer, mon travail est sans intérêt, sans avenir... » Pourquoi s'intéresser aux croyances négatives ? N'est-ce pas dangereux de réveiller de vieux démons ? C'est douloureux. Ne vaut-il pas mieux travailler dans le positif ? L'expérience est très instructive. Travailler uniquement dans le positif ne donne pas de résultat durable ; l'effet de suggestion s'estompe plus ou moins vite et on a l'impression de prier dans le vide et d'être obligé de recommencer sans cesse. Le travail sur les pensées limitantes, plus difficile a priori, déblaie les obstacles et permet aux énergies récupérées de se développer. Chaque proposition négative est un réservoir énergétique d'autant plus important qu'il est inconscient. L'objectif va être, non pas de rejeter, de tenter d'éliminer la croyance négative (ce qui relève d'une mission impossible) mais de transformer, de transmuter cette croyance.

Chapitre 5

Reprogrammation de la mind-mapping

« *Chacun tient sa fortune entre ses propres mains, comme le sculpteur la matière brute qu'il cisèlera. Mais il en est de ce type d'activité artistique comme de toutes les autres : nous possédons de façon innée la capacité à les exécuter. La manière de modeler un matériau pour en faire ce que nous voulons doit être apprise et attentivement entretenue.* »
JOHANN WOLFGANG VON GOETHE

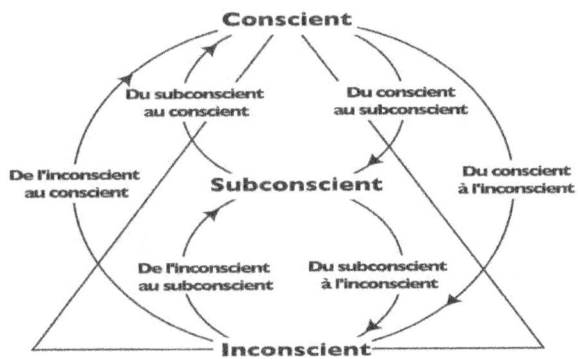

Logoscope conscient-subconscient-inconscient

Un adage populaire dit : « On ne sait jamais où les pieds mènent la tête ». À mon humble avis, cet adage est cité à l'envers ou peut-être que le sens qu'on veut lui donner n'est pas que ce sont les pieds qui détiennent le pouvoir de décision. Puisque ce n'est pas le cas. C'est bien dans la tête que loge le système cérébral qui renferme tous les centres de décision de tous les actes que pose tout individu en état de conscience pure. Le cerveau est bien l'endroit où s'opèrent tous les échanges tant entre l'être et lui-même ou même qu'entre l'être et l'intelligence infinie.

Les facultés de l'homme que sont la conscience et l'inconscient interagissent et s'influencent mutuellement. La conscience est un état de l'individu qui sait qui il est, où il est, ce qu'il peut ou ne peut pas faire dans le contexte où il se trouve. Plus généralement, c'est la faculté à « se voir » et à se reconnaitre dans ses pensées et ses actions. C'est le mental créatif. Il est constitué des cinq sens. Donc lorsque tu dis « je veux manger », tu as utilisé le mental conscient. Mais malheureusement, ce mental n'est utilisé que dans une infirme partie de ses capacités. L'inconscient lui est considéré comme une instance psychique, distincte de la conscience et qui est capable d'élaborer des pensées. La plupart de nos émotions et de nos comportements sont contrôlés par des mécanismes inconscients. Tous les deux désignent des sphères d'activité de l'esprit. Le subconscient, quant à lui, est ce vaste réservoir, ce magasin qui se situe à la limite de la conscience. Il ne se distingue en fait du mental conscient que par degré et non par nature. Nous utilisons notre esprit subconscient à plus de 90%. Toutes nos expériences passées, nos sentiments de peur, de stress, nos émotions depuis même les premiers instants de notre conception dans le sein de notre mère sont contenus dans le subconscient. Malheureusement, la plupart des humains viennent dans ce monde avec trop de négativités enfouies dans le subconscient alors qu'il n'est pas même pas sélectif. Aussi puissant qu'il est, il ne fait aucune distinction entre les fausses et les bonnes informations. Il est comme une toilette qui accepte tout ce qu'on y verse. Si vous naissez et grandissez dans un milieu où règnent la peur et la mauvaise estime de soi, le processus de votre marche vers le succès prendra un coup fatal.

Au regard de tout ce que nous savons désormais de l'esprit subconscient, faudra-t-il s'avouer vaincu pour subir le coup où travailler à la changer ? La bonne nouvelle est qu'on peut partir de zéro à héros. Nombreux sont ceux qui ont réalisé de telles prouesses par le passé, nombreux sont ceux qui les réalisent actuellement et nombreux sont ceux qui vont encore les réaliser après. Il convient et s'impose de se départir de ces vieux clichés du passé qui nous retiennent prisonniers de la gravité pour voler dans les airs tel un aigle. Trainer des sacs pleins d'excuses ou prendre vos responsabilités ne relève que de vos choix. Mais, à mesure que vous continuez de tenir ce livre entre vos mains, j'ai la ferme conviction que vous voulez vous guérir de l'«excusitude» et voici quelques méthodes pour vous débarrasser de ces vieux lourds clichés qui empoisonnent votre vie. L'esprit purifié, les croyances, les pensées, les attitudes et les habitudes seront plus orientés vers les objectifs.

L'introspection

L'introspection, du latin introspectus, désigne le fait de regarder à l'intérieur de soi. C'est une importante méthode d'observation et d'analyse. C'est une technique de base de la pratique méditative. Elle permet d'être attentif à ce qui se passe au fond de nous (nos sensations, nos pensées, qui nous sommes…). L'introspection se réalise par une série d'actions envers soi-même. Ces actions sont l'observation, l'étude, la compréhension, l'analyse, la contemplation et la connaissance. La finalité est d'assurer la régulation de la vie intérieure. Mieux se connaitre permettra de connaitre ses besoins, d'apprendre à s'accepter et à s'aimer tel qu'on est et amorcer au besoin, des changements possibles pour une amélioration de notre condition.

La rétrospection

La rétrospection est le fait d'envisager un processus en remontant dans le passé. Elle est beaucoup plus extérieure qu'intérieure à soi. Epiphane SENOU l'a abordé dans son ouvrage *Dis non à l'échec*. De façon substantielle, il conseille de faire recours aux parents, si l'on a la chance de les avoir en vie, pour initier des débats qui vont les plonger dans le passé afin qu'ils puissent vous renseigner sur les conditions de votre naissance, la nature des événements qui ont cours durant vos sept premières années sur terre. C'est vraiment un puissant outil qui situe l'être humain dans son passé en lui permettant d'interpréter des événements passés quitte à les relier aux faits présents pour en déduire les implications. La rétrospection peut se faire en plusieurs étapes, à savoir : l'état des lieux, le bilan, prise de conscience de soi. Elle a l'avantage de se détacher des attentes des autres, de s'inspirer du passé pour instaurer de nouvelles attitudes et habitudes.

La cure du silence

C'est une technique qui consiste à passer du temps loin de tout bruit extérieur pour se concentrer sur les bruissements de sa voix intérieure. Ceci vous ouvrira l'accès aux qualités inhérentes de ce champ d'une infinie créativité, la liberté et la félicité. Pratiquer le silence signifie pratiquer un certain temps à ne faire qu'un avec son Être, vivre le moment présent en contact avec l'intelligence infinie. Vivre l'expérience du silence consiste à s'échapper périodiquement de l'activité du discours. C'est aussi s'abstraire régulièrement d'activités telles que, regarder la télévision, écouter la radio ou lire. Cette pratique permet en effet de diminuer la turbulence de notre dialogue intérieur. Consacrez, de temps en temps, un moment à vivre le silence. Chaque jour, au moment qui vous convient et pendant le nombre d'heures de votre choix, faites l'expérience du silence. Ensuite, périodiquement, poursuivez-la une journée entière, ou deux, ou même une semaine. Que se passe-t-il quand vous entrez dans cette expérience ? Au début, votre dialogue intérieur se fait de plus en plus accaparant, vous ressentez le besoin intense de dire quelque chose. Une impression d'urgence, une profonde anxiété vous envahira. Mais votre brouhaha intérieur finira par se calmer et bientôt le silence deviendra aussi profond que le passé et le futur vont se fondre dans le moment présent. C'est une des techniques pour mettre en évidence la loi de pure potentialité décrite par Deepak Chopra dans son livre, *les sept lois spirituelles du succès*. Ceci, parce que le mental finit par lâcher prise. Car si Vous - votre Moi, votre esprit, celui qui fait les choix - vivez le silence, votre ego réalise qu'il n'y a aucune raison de tourner en rond. Et petit à petit, le dialogue intérieur s'apaise.

La méditation

La méditation est une pratique ancienne née en Inde il y a des milliers d'années. Il y en a de plusieurs types dont la plus répandue est celle en pleine conscience. Elle vous offre l'expérience du champ du pur silence et de la pure attention. Dans ce champ se trouve également celui des corrélations infinies, celui du pouvoir infiniment organisateur : l'espace ultime de la création où tout est inséparablement relié, connecté à tout. Dans ce silence, l'intention, aussi faible soit-elle, se répercute à l'ensemble de l'espace sous-jacent de la conscience universelle, celui qui connecte tout à tout. Si vous ne vivez pas le calme de la conscience, si votre esprit demeure un océan turbulent, il vous sera difficile de vous connecter à vous-même. Dans la Bible, on trouve cette phrase : « Sois en paix et tu sauras que je suis Dieu. »
Pour bien méditer, il faut :
-   Créer un espace propre puis
-   Allumer une bougie ou y disposer une fleur, le fixer pour y fixer véritablement son attention, car ça constitue la source d'énergie vibratoire positive de l'espace (la méditation peut aussi se faire dans la nature)
-   S'asseoir sur le tapis, adopter une position un peu raide qui favorise la concentration et non brouillonne
-   Prendre une profonde inspiration, la retenir un moment puis une profonde expiration buccale

- Répéter jusqu'à arriver à faire le calme. C'est-à-dire, imposer sa volonté au mental qui est friande de la lecture des clichés et des projections dans le futur
- Dans la pleine concentration, réciter un mantra autant de fois que c'est possible.

De préférence, pratiquer la méditation le matin, à midi, au coucher du soleil et à minuit.

Un autre grand avantage de la méditation est qu'elle a aussi une fonction curative. On peut guérir de l'hypertension à cause du silence profond dans lequel on s'immerge.

La purification par transposition comparative

Je veux que vous transgressiez votre logique. Si vous voulez développer la conscience de prospérité, vous devez reformater votre esprit. Vous devez faire ce que beaucoup considèrent comme étant totalement illogique. Ceci demande une aptitude particulière et vous avez ce quelque chose de particulier sinon vous n'auriez jamais été attiré par ce livre.

Pour mettre en pratique cette technique, nous allons faire une comparaison entre la façon dont l'esprit est pollué par suggestion une piscine l'est à l'insu du propriétaire et comment transposer la technique de purification de la piscine pour débarrasser l'esprit de ses

souillures. En effet, cette expérience est à l'actif de Bob Proctor, le grand maître et Michele BLOOD dans leur livre *Comment devenir un aimant à argent, dans la mer de la conscience illimitée.*
Voici pour toi le tableau peint entre ton esprit et la piscine, tous deux pollués.

Visualisez l'image d'une piscine à celle olympique, sur l'écran de votre esprit. Fermez les yeux et laissez l'image de cette grande piscine emplir votre conscience. Dans votre esprit, imaginez-vous debout, à son bord, dans votre maillot de bain. Vous êtes sur les dalles blanches, l'eau est d'un bleu foncé très profond. Il est évident que quelqu'un a pollué l'eau avec un colorant. Vous ne pourrez certainement pas vous baigner aujourd'hui. Un ouvrier de la maintenance s'approche pour vous expliquer ce qui se passe. Voici ce que vous pourriez entendre : « Je suis désolé mais vous ne pourrez pas nager aujourd'hui. Nous procédons au nettoyage de la piscine. Quelqu'un a jeté du colorant pendant la nuit. Ce sera probablement fermé pendant un certain temps. Nous y avons travaillé toute la journée mais on ne voit pas encore de résultat. Il se peut que vous ne voyiez pas de changement dans la couleur de l'eau pendant quelques jours, mais je vous assure que nous y travaillons. Il y a un très bon système de filtration. De l'eau pure et claire est pompée dans la piscine toute la journée en même temps que l'eau polluée est drainée vers l'extérieur. C'est un procédé lent mais très efficace. L'eau pure et claire affaiblit l'eau colorée mais parce que ça se passe lentement, vos yeux ne détectent pas la différence. Mais vous savez, si nous continuons à injecter de l'eau claire, pure et non polluée, et si nous continuons à évacuer l'eau polluée, avec le temps, la piscine sera aussi propre et claire qu'avant et vous pourrez aller nager à nouveau. » Croyez-moi lorsque je vous dis ce qui suit : il était un temps où votre merveilleux esprit était propre et clair. Un pouvoir illimité et pur ainsi qu'une haute conscience de prospérité existaient dans votre esprit. Mais il se trouve que votre subconscient a été pollué par des pensées négatives de pauvreté. Comment la pollution s'y est introduite n'est pas notre propos. Je pourrais vous l'expliquer et vous comprendriez, mais mon enseignement présent vise à vous faire comprendre la façon la plus rapide et la plus efficace pour vous transformer en aimant qui attire l'argent. Votre subconscient ressemble beaucoup à cette piscine. Vous ne verrez pas tout de suite un changement visible mais sachez que si vous continuez à injecter continuellement des concepts de prospérité propres, purs et puissants, les anciens conditionnements vont s'affaiblir. Finalement, la vérité remplira votre conscience, votre esprit retournera à son état de pureté et de prospérité. Vous en aurez la preuve dans votre monde physique et vous verrez des résultats tangibles. Votre foi sera récompensée de façon concrète, c'est certain. Croyez, agissez et réussissez ...

Le pardon

Il est très inutile de passer toute sa vie à porter des chaines de ressentiment. Et de fait, c'est très difficile d'avancer dans la voie du succès quand on porte tout ce poids. Garder rancune, garder quelqu'un dans son cœur, c'est s'empoisonner littéralement le sang, liquide précieux qui nourrit tous les organes vitaux du corps. C'est scientifiquement prouvé que plusieurs maladies (stress, dépression, maladies cardiaques) sont la conséquence d'un état coléreux régulier car dans cet état, des hormones sont secrétées, en l'occurrence l'adrénaline qui agit sur le cœur, la circulation du sang, la respiration. Plus grave, ces pensées n'ont aucun effet sur la personne à qui on en veut. Pour son propre bonheur, il convient de pardonner pour irradier d'amour, de paix et de bonne volonté. L'intelligence infinie pense, parle et agit à travers tout cœur pur.

J'ai fait l'expérience du pardon une fois et puis c'était merveilleux tout simplement. Ce jour-là, je prenais le bus de Parakou pour Cotonou où je devrais assister à un séminaire de formation. Il m'avait été recommandé de me mettre dans un état d'esprit assez positif puisqu'à la fin du séminaire, un aîné devrait me faire rencontrer un mentor venu du Cameroun. Quand j'entre dans le bus, la seule place disponible était dans le même fauteuil de celui à qui j'en voulais, tant je ne pouvais pas imaginer d'où il sortait pour croiser mon chemin en ce jour-là. Ouf! Après une profonde respiration, je montai à ma place puis lui ai adressé la parole puisque lui ne pouvait pas le faire tant je l'ai toujours ignoré. Nom de Dieu ! Ce fut son premier jour du jugement avant le grand jour. Tellement il était content et ne pouvait s'en revenir. Mais le plus grand plaisir fut mien puisque j'ai pu réussir l'exercice et fort heureusement j'ai pu rencontrer ce mentor qui fait de moi aujourd'hui ce que je deviens progressivement. Lorsque vous pardonnez aux autres et vous pardonnez, vos mots guérissent, bénissent et inspirent. Ils élèvent, et magnifient votre âme. Le succès ne court jamais après les hommes égoïstes.

Chapitre 6

La psycho-philosophie positive et inspirante

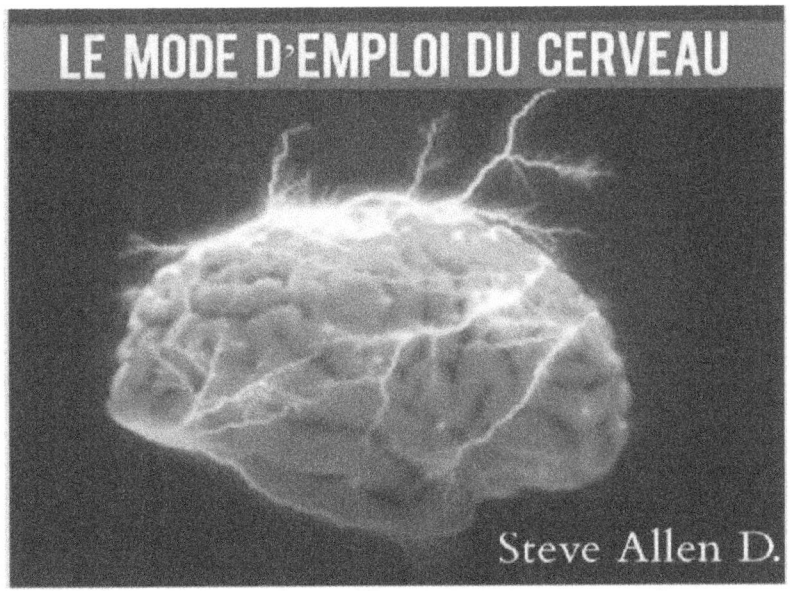

Une coupe du cerveau

Maintenant que vous avez atteint votre illumination, vous êtes désormais en harmonie vibratoire avec les forces de l'univers : la substance informe à l'origine de tout. Vous avez désormais repris le pouvoir de transformer le non manifesté qui sommeille en vous en manifesté, l'abondance illimitée. Cela implique une nouvelle croyance, une nouvelle façon de penser, une nouvelle façon d'agir soutenue par une solide intention.

La Programmation Neuro Linguistique

« Le cerveau est l'organe le plus complexe du corps humain et a la plus grande capacité à se réinventer ».
STEVE ALLEN D.

La Programmation Neuro Linguistique (PNL) se décrit comme l'étude de l'excellence humaine et montre comment communiquer efficacement et influencer les autres. Elle a été développée dans les années 1970 par un groupe de psychologues qui ont mené une étude sur des gens ayant réussi, avec l'objectif d'analyser le comportement humain. Le groupe était formé par Richard Bandler (psychologue), John Grinder (Linguiste) et Gregory Bateson (anthropologue).

La PNL étudie l'influence que possède le langage sur notre programmation mentale ainsi que sur

le reste des fonctions de notre système nerveux. Le fait de comprendre comment se créent vos pensées et comment votre cerveau crée des connexions peut vous faire voir comment faire face à certaines situations, de façon consciente ou inconsciente. Apprendre à changer vos habitudes, redéfinir vos pensées, vous permettra d'avoir une meilleure flexibilité et de développer de nouvelles approches face à des situations complexes. Le cerveau renferme environ plus d'une dizaine de milliards de neurones et le corps en génère des milliers de nouveaux chaque jour.
La programmation Neurolinguistique vous offre les outils et techniques pour vous aider à :
- Communiquer de façon active
- S'auto-motiver et motiver les autres
- Penser positivement
- Faire la différence grâce à ses actions.

Les croyances

« La foi fortifie l'imagination ; la foi termine la volonté. Celui qui croit en la nature obtient de la nature suivant l'étendue de sa foi »
Paracelse

Vous venez d'être certain d'entrer dans la vibration qui est en complète harmonie avec une vie d'abondance ; vous avez atteint l'état de conscience pure. Vous déconnecter de l'anse qui vous retient à la substance informe ne dépendra désormais que de vous. Il y a quatre concepts auxquels vous devez donner la plus haute priorité. Ces quatre concepts doivent être fermement implantés dans votre subconscient. Une fois ceci accompli, il vous semblera facile de faire ce que je vous suggère, et ceci sans effort, car ce sera devenu une habitude.

1 : Vous devez commencer chaque journée avec l'amour dans le cœur et avec l'attitude que votre vie prend un nouveau départ.

2 : Vous Comprenez bien qu'il y a toujours assez de temps pour faire ce qui doit être fait. Il vous faut développer une perspective juste du temps. Vous savez bien que si vous voulez qu'une chose soit faite, vous devez la confier à qui en a les potentialités pour le faire. Elle créera le temps pour la faire. Vous serez cette personne. Oui. Croyez-y ! Vous deviendrez cette personne à coup sûr.

3 : Vous aurez toujours toute l'énergie qu'il vous faut pour faire tout ce que vous voulez faire. Personne ne reçoit l'énergie. Toute l'énergie qui a toujours existé et qui existera toujours est également présente dans tous les endroits au même moment. Vous êtes de l'énergie manifestée. Vous dégagez de l'énergie.

4 : Il existe une loi de vibration dans l'univers. Tout vibre. La vibration dans laquelle vous vous trouvez, contrôle vos actions et contrôle aussi ce que vous attirez dans votre vie. Vous n'attirez que ce qui est en harmonie avec vous. Une fois que toutes ces croyances sont

profondément imprégnées dans votre subconscient, vous pénétrez dans la vibration qui vous fait accomplir de grandes choses et qui vous attire de magnifiques récompenses. Vous deviendrez un aimant pour toute l'abondance que vous souhaitez. Vous attirerez toujours plus d'argent dont vous avez besoin. Ce ne sont pas des élucubrations, croyez-y et tout l'univers conspirera à vous donner de la fortune pour votre bonheur. C'est votre droit de naissance de vivre le bonheur. Puisque l'amour est harmonie, ou résonnance, et puisque vous êtes en harmonie avec l'argent, l'argent vous aimera. L'argent s'écoulera librement vers vous et il sera votre fidèle serviteur. Au lieu que vous soyez l'esclave de l'argent, une dialectique véritable s'opèrera et vous en serez le maître. Adam DENDE AFFO, l'homme au parcourt exceptionnel tant dans les études que dans sa carrière professionnelle, me disait un jour dans son bureau, alors qu'il était DG CAA (Caisse Autonome d'Amortissement) : « moi je travaille à faire de l'argent mon esclave et non lui le maître. Toute personne qui s'adonne au contraire, fera presque tout loin de ses valeurs morales ».

Dieu a créé tout l'univers et ce qui s'y trouve suivant un processus. Et c'est au bout de la chaine que se trouve l'être humain après que tout est créé. Ce n'est pas un hasard mais une préméditation puisque l'homme est appelé à gouverner sur tout. Et l'argent qui participe au bonheur en fait partie. La foi influence le subconscient. Relisez ceci encore et encore.

Les trois domaines dans lesquels se regroupent les croyances qui nous limitent sont généralement : le désespoir, l'impuissance et l'absence de mérite. Ces trois grands domaines peuvent avoir une énorme influence sur notre santé mentale et physique. Considérez-les comme des virus, que dis-je, ce sont des virus mentaux.

La Pensée

« Si vous pouvez entretenir les pensées et caresser les rêves propres à votre destination du millionnaire, c'est que vous avez l'étincelle d'espoir et connaissez les premiers pas qui vous feront amorcer votre voyage »
Jim Stovall.

« Le pouvoir qui caractérise le succès est le pouvoir de votre pensée. » Napoléon Hill. « La plus grande découverte de notre génération est de s'apercevoir qu'un homme peut changer sa vie en modifiant sa façon de penser » William James. Nul besoin de le démontrer, ces grands auteurs et gourous du développement personnel ont tout dit. Vous devenez ce que vous pensez. La pensée – le mystère de tous les mystères, la puissance de l'esprit humain – a le secret de tous les succès et de tous les échecs. C'est l'un des sujets les plus importants de l'espèce humaine, mais aussi le sujet le plus difficile à bien cerner. Le pouvoir qu'a la pensée est le plus mystérieux et le plus grand qui soit à la disposition de l'être humain. C'est à la fois le plus dangereux et le plus bénéfique en fonction de la manière dont on l'utilise. Chaque création de l'homme, bonne ou mauvaise, est d'abord le fruit d'une pensée. Vos pensées représentent la première force créatrice de votre vie. Vous vous créez et créez votre monde par la manière dont vous pensez. Toutes les personnes et situations de votre vie ont le sens que vous leur donnez à partir de ce que vous pensez d'elles. En changeant votre manière de penser, vous changez votre vie, souvent en une fraction de seconde. Des structures énergétiques basées sur de l'information, que Vadim Zélande appelle les balanciers, s'agrippent aux sentiments de l'être humain pour pomper ou désorienter toute son énergie créatrice. L'illuminé doit les distinguer et leur résister de manière à s'en départir. Lorsqu'ils ne trouveront pas de répondants, ils disparaîtront. Pas par un coup de balai pour les congédier mais par une prière, une affirmation. Selon La Loi de la Pensée Dominante, nos pensées dominantes gouvernent notre vie. Cela signifie qu'il y a à l'intérieur de chacun de nous, une force qui nous propulse en direction de nos pensées dominantes courantes. Si nos pensées dominantes sont des pensées positives qui renvoient, par exemple, à la réussite, à la santé, à la prospérité, à la richesse, nous nous donnerons toutes les chances d'attirer ces choses-là. Le mot-clé ici est DOMINANT. Le grand secret du succès est de dépenser la majeure partie du temps à penser positif. Les pensées négatives appauvrissent et le pauvre à tort.

Nos pensées les plus fréquentes guident nos comportements et conditionnent notre futur. Le subconscient emmagasine chaque chose que nous voyons, entendons, lisons. En disciplinant notre esprit, nous créons de nouvelles pensées qui vont reprogrammer notre subconscient. Permettez à votre subconscient de travailler pour vous. Tout cela obéit à la loi d'attraction et rien n'y résiste. Il vous donnera très souvent des idées à des moments où vous vous y attendez le moins. Pensez positivement. J'en suis un prototype. Au moment où je jetais le tort sur mon entourage comme responsable de tous mes problèmes, j'en souffrais davantage. Il a suffi que je sois illuminé pour penser à moi et réaliser que je faisais une erreur grossière de croire que ce sont les autres. Non ! J'étais mon propre obstacle. Si c'est vrai que j'ai subi des choses horribles venant même des personnes insoupçonnées, c'est aussi vrai que ma perception de ce que je ressentais ne faisait que croître la douleur et à mesure que je cherchais vainement la réponse à tout, tout m'enfonçait dans un monde aussi lugubre que ça pouvait paraître. *Réfléchissez et devenez riche* de Napoléon Hill, livre que j'avais acheté depuis des années mais que jamais je n'avais lu, est la mine d'or qui m'a ouvert le boulevard de mon voyage vers la source de la connaissance illimitée. Je vous le conseille vivement. La pensée plus l'attention deviennent une imagination créatrice. L'imagination suivie d'une émotion positive se transforme en un enracinement qui, doublé de la foi, conduit à la concrétisation ou à la réalité souhaitée.

Les deux questions pour libérer votre potentiel

Pour clarifier vos objectifs, posez-vous ces deux questions :
- Qu'est ce qui est important pour moi ? (au niveau des tripes, de vos valeurs) les tripes sont la vibration émotionnelle de la personne
- Quel est le prix à payer si vous renoncez à vos rêves ?

Le type de connexion entre la pensée et les tripes définit la qualité du résultat que produira la force de l'esprit : **La loi de l'attraction**
En chiffre on a par exemple
1- Attachement au résultat
- Potentiel de la pensée : 10
- Potentiel émotionnel en avec la pensée : 0
- Potentiel en excès : 10 - 0 = 10
- Action des forces d'équilibrage : maximale

Conclusion : J'attire à moi ce que je ne veux pas
2- Contribution au monde, création de richesse, lâcher-prise sur le résultat
-Potentiel de la pensée : 10
-Potentiel émotionnel en phase avec la pensée : 10

-Potentiel en excès : 10 -10 = 0
- Action des forces d'équilibrage : nulle
Conclusion : J'attire à moi ce que je veux
La pensée va se matérialiser dans la matière en un temps record

Les affirmations positives

Elles sont un moyen simple pour focaliser votre discours intérieur afin de vous mettre dans un état d'esprit souhaité. Ce sont des techniques qui consistent à répéter plusieurs fois les paramètres d'un but spécifique. Mais aussi puissantes qu'elles puissent paraître, elles sont souvent mal formulées même avec des mots dénués de toute connotation négative et sont rendues inefficaces. Pour les descendre du piédestal de l'inefficacité, il faut qu'elles soient moins englobantes, précises, bien formulées et au temps présent. Puisque ces affirmations sont adressées avec foi au subconscient et à l'ordinateur cosmique qui vont accuser réception et les utiliser comme telles. Lorsque le message envoyé au moyen d'une affirmation n'est pas suffisamment clair, la réponse peut ne pas venir ou elle vient contre l'attente souhaitée ou mettra du temps à venir.

Soit L'affirmation que voici : « Je suis en excellente santé, avec un excellent potentiel énergétique et un grand confort émotionnel. Je suis calme et j'ai confiance en moi ». Elle est encombrante parce qu'elle a la maladresse de mettre plusieurs buts ensemble. Soyez précis en disant simplement chacun des buts séparément. Les affirmations ne doivent pas être orientées vers la lutte contre la conséquence sans en éliminer la cause. Dans l'affirmation « Rien ne me fait peur, j'ai confiance en moi », si la cause de la peur est toujours vivante, c'est illusionniste de croire que les inquiétudes ont disparu. En plus, l'affirmation doit avoir une tonalité positive. L'affirmation précédente peut être remplacée par « tout fonctionne pour moi » mais pas « tout fonctionnera pour moi », puisque les paramètres de vos radiations doivent être réglés comme si vous aviez déjà ce que vous commandez.

Révisez votre plan financier mental

« Si vous souhaitez changer les fruits, vous devez d'abord changer les racines. Si vous souhaitez changer le visible, changez d'abord l'invisible ».

T. Harv Eker

Pendant longtemps, la religion nous a enseigné que l'argent est la racine de tous les maux, associant ainsi le mot argent au mot mal. Et donc être financièrement confortable était perçu comme un signe d'extravagance, un danger qui pouvait hypothéquer les chances d'aller au ciel. Inconsciemment, cela a produit en nous une très mauvaise image de l'argent et de la richesse. Nous travaillons tous les jours à en acquérir mais notre conditionnement mental nous emmène à nous en débarrasser. Ainsi se dissout le désir ardent de devenir de vrais créateurs de richesse pour la gloire de l'éternel. On se contente honteusement du strict minimum pour notre confort personnel et celui de notre entourage. L'argent est une récompense aux services rendus. Et en cela, il n'y a pas de péché devant Dieu. Les pauvres recherchent de l'argent alors que les riches recherchent un problème à résoudre. Maintenant que vous êtes illuminés, que vous avez une meilleure philosophie et psychologie de l'argent, il convient de changer votre perception improductive de l'argent, donc vous départir de la mentalité de pauvre. Puisque tant que vous ne serez pas mentalement confortable avec un certain montant d'argent, vous ne pourrez jamais l'utiliser à l'extérieur. Entre votre monde intérieur et celui extérieur, un équilibre inébranlable s'impose. Vous venez de retrouver votre capacité mentale à opérer un choix. Il ne reste qu'à agir d'une certaine façon pour établir la correspondance avec le monde extérieur afin de devenir créateur de richesse pour la gloire de Dieu et celle de l'humanité.

Le Désir

« Notre esprit n'a de limites que ce que nous lui reconnaissons, un désir ardent abolit l'impossible et l'idée même de l'échec »

Napoléon Hill

Le désir est ce qui transforme le rêve en réalité, plus vous demandez à la vie, plus vous en aurez. Le désir réveille et active toutes les énergies qui permettent de se concentrer sur le but. Avec un désir ardent de réussir, d'atteindre un objectif, rien au monde ne peut vous en empêcher puisque toutes les forces de l'univers définissent les mots de la même façon et toutes les controverses s'évanouissent d'elles-mêmes et se mettent à votre service pour l'accomplissement souhaité. La puissance du désir peut sauter les verrous des stéréotypes pour ouvrir les portes de ce qui vous semblait auparavant inaccessible. Je me rappelle comme si c'était hier, quand je demandais ma mutation au sud du pays. Le désir était tellement fort que je pouvais même en faire un rêve lucide. J'en avais parlé à mes apprenants avant même que je ne commence les démarches. Je pratiquais le nexting et me voyais déjà dans les salles de classes imaginaires où je donnais les cours. C'est la technique d'imagerie par résonnance magnétique.

Le désir brûlant de Edwin Barnès, quoi que pauvrement vêtu pour se rendre dans son bureau, lui a permis de rencontrer le géant Thomas Edison avec qui il devient associé d'affaires. Rien ne pouvait présager de ce que Edison pouvait se prédisposer à répondre à un simple salamalec de Barnès, non à cause d'un simple souhait mais d'une forte pulsion intérieure, ils sont devenus collaborateurs.

Une légende raconte qu'un jeune garçon est allé voir le philosophe Socrate pour lui dire sa volonté de devenir un sage. Socrate l'invita à venir le rejoindre le lendemain le long d'un cours d'eau où il lui montrerait comment atteindre son objectif. Comme convenu, les deux hommes se retrouvent au bord du cours d'eau. Socrate entra dans l'eau et fit signe au jeune homme de le suivre. Ce dernier avança sans la moindre hésitation. Soudain, Socrate se retourna, agrippa le jeune homme et plongea sa tête sous l'eau. Le jeune se départit violemment et tenta de se libérer. Mais Socrate était plus fort et continua à le maintenir sous l'eau. Il ne desserra pas son étreinte pendant un long moment, puis il finit par libérer le jeune homme qui, suffoquant à moitié, eut du mal à reprendre son souffle. Après s'être ressaisi, il demanda au philosophe pourquoi il lui a maintenu la tête sous l'eau ? Socrate lui répondit : lorsque ton inspiration à devenir sage sera aussi forte que ton besoin de respirer, tu trouveras la sagesse. Le jeune homme ici est en quête de sagesse mais la leçon peut s'appliquer au domaine du succès. Nous savons comment son besoin de respirer était aussi fort ! Si respirer est notre besoin vital, notre droit de naissance est notre accomplissement personnel. Le désir pour l'atteindre doit être aussi fort que rien ne puisse nous empêcher d'y arriver.

Il est important de définir clairement vos désirs. Désirez réellement ce que vous voulez et rien d'autre. Le réel désir vient de l'intérieur, même s'il est souvent soutenu par des forces extérieures : entourage, conditions sociales, professionnelles, etc. Une chanson que vous écoutez qui vous touche profondément peut faire naître un désir en vous tout comme un film au cinéma, une conversation avec un ami, un conflit familial, un livre. Le désir peut naître de tout et partout. Quand vous l'avez, vous raisonnez de cette manière : « Je veux ceci », « Il me faut cela » ... À ce moment-là, vous devez bien le définir. Il a dépassé le stade de rêve.

Surfez sur la voie du succès

Le cheminement intérieur trouve son accomplissement effectif lorsque mon corps (ce que je ressens dans mes tripes), mon cœur (ma vibration de l'amour), mes pensées et mon âme sont alignés sur le but.

Mon but est de rayonner de mon authenticité, de toute ma puissance, de tout mon potentiel, afin de vous inspirer pour vous montrer par mon exemple qu'une vie pleine de richesse, tant intérieure qu'extérieure, de bonheur, de joie, de plénitude, de pensées, et d'émotions positives est possible au quotidien.

En accordant "trop d'importance" aux choses, nous créons un déséquilibre sur le plan énergétique (un potentiel excessif) qui se retourne contre ce désir. Ce n'est pas le désir qui apporte la réalisation mais l'orientation et la foi inébranlable vers le désir qui permettent sa réalisation. Et donc un processus libre de tout doute. La seule chose qui ait du sens, c'est d'avoir l'intention de choisir. Un choix n'est pas une demande inerte mais une détermination à agir et à recevoir. Il suffit donc de se fixer des objectifs en leur associant un détachement émotionnel, ce qu'on retrouve aussi dans le Bouddhisme. Comme bien d'autres, Vadim Zélande insiste sur la réduction du discours mental en faveur de l'écoute de sa propre intuition. C'est aussi ce qu'a longuement exposé Eckart Tollé dans son enseignement.

Etendez votre zone de confort

Disons que vous avez l'ambitieux désir de devenir star ou millionnaire. Cependant, êtes-vous prêt à vous laisser le devenir ? Les gens pensent en général que la renommée ou le pouvoir sont le lot de ceux qui ont été choisis. Erreur ! Mais qui désigne ces « choisis » ? Avant tout, les choisis se désignent eux-mêmes, et alors, seulement, se distinguent de tous les autres. Si vous rêvez de quelque chose mais n'êtes pas prêt à vous autoriser à l'avoir, vous ne l'aurez pas.

Vous devez vous faire à l'idée que vous atteindrez votre but à mesure que votre désir est sans appel. Si vous voulez devenir une personne riche, mais qu'en même temps vous redoutez d'entrer dans des boutiques de luxe, alors rien n'arrivera. Si vous ressentez même le plus petit inconfort dans une boutique de luxe, alors vous n'êtes pas prêt à vous autoriser à posséder des objets coûteux. Les personnes qui travaillent dans de telles boutiques sont capables de savoir instantanément si la personne qui vient d'entrer est un acheteur potentiel, ou si ce n'est qu'un type curieux avec un portefeuille vide. Un acheteur se comporte comme si l'endroit lui appartenait. Il est calme, en confiance, et digne ; il est conscient qu'il a le droit de choisir. Le curieux, enthousiaste, mais **indigent**, se comporte comme un invité qui n'est pas invité. Il agit de manière forcée, tendue, timide et inconfortable. Il ressent l'œil évaluateur du ou de la vendeur(euse) et s'excuse presque d'entrer dans un établissement si prestigieux. Il crée un gros bouquet de potentiel excessif en même temps que l'envie, la jalousie, le sentiment d'être pathétique, l'énervement et l'insatisfaction. Tout cela survient parce que non seulement, il ne s'autorise pas lui-même à avoir les possibilités financières, mais aussi parce qu'il considère ne pas mériter de posséder des objets coûteux. Après tout, votre âme comprend tout ce que l'esprit lui dit littéralement, et l'esprit redit encore et encore la même chose : « Toutes ces choses ne sont pas pour nous. Nous sommes pauvres, et par conséquent, nous devons nous contenter de choses plus modestes. » Autorisez-vous à être riche de tout ce luxe ? Vous êtes réellement riche de tout le meilleur. Par souci uniquement de vous garder sous contrôle, les balanciers vous font croire que chacun devrait connaître sa place. Soyez audacieux : entrez dans les boutiques luxueuses et regardez les objets exposés comme un maître, et non comme un serviteur dans une riche maison. Il est, bien sûr, inutile de pratiquer l'autosuggestion pour vous convaincre que vous pouvez acheter des objets dans une boutique de luxe. Non au onzième commandement : **tu ne te tromperas point**, et ce n'est même pas nécessaire, mais à la limite suicidaire.

Laissez-moi vous raconter ma propre histoire. Il m'était arrivé une fois de me rendre au grand marché DANTOKPA, marché international à la capitale économique du pays pour acheter une montre. Bien que j'eusse de l'argent sur moi, puisque je voulus vraiment en acheter, je me suis retrouvé dans une rangée où la plus petite valeur de montre faisait cinq fois ce que j'avais en ma possession. Dans un premier temps, j'étais perturbé intérieurement par tout le confort, toute la splendeur des installations avec des montres qui brillaient des métaux les plus précieux de la planète. Tout à coup, mon regard et même ma démarche ont changé, faisant état de ce que je ne suis qu'un client, pas potentiel mais potentiellement pauvre. Le plus scandaleux, ma zone de peur a augmenté d'un cran. Le vendeur, somptueusement habillé d'une trois pièces blanches, paraissant comme brodée à « la main de Dieu », a ressenti automatiquement que je serais un aventurier. Pourtant, il m'adressa la parole avec art en bon yorouba. Oui salut monsieur ! Répondis-je, tant je ne demandais que le secours d'une force invisible pour me faire partir des lieux. Sans me faire languir d'impatience, il me donnait en quelques gestes de mains qui balaient tout son étalage, les prix des articles selon les catégories. J'ai choisi la rangée des moins chers, et j'ai désigné du doigt une montre dont le prix revenait de loin plus cher que toute ma fortune sur place. Le temps pour moi de demander une réduction avant de proposer un prix, mon cher ami a tout compris de ce que je valais en ce moment. Sans se soucier de ce que je pouvais comprendre sa langue, il m'arracha l'article et me lança une injure comme pour dire que je suis un vaurien. Partagé entre une humiliation et une libération des griffes d'un démon que j'ai fabriqué moi-même, je me suis retourné sans lui adresser à nouveau la moindre parole, et, la tête lourde, je suis sorti de la boutique pour ne revenir que des mois plus tard. Ce ne fut guère la faute du vendeur mais la mienne. Je ne me suis pas autorisé à avoir cet article. Je suis allé au marché non seulement avec une poche trouée mais plus grave avec un manque d'autorité.

Ce revers essuyé, la leçon est apprise et maitrisée. Je l'ai très bien appliquée au moment de m'acheter ma voiture. Pour la première fois, je me suis aventuré dans un parc de vente de voitures. Tellement mon accoutrement disait long sur ce que pourrait être ma fortune, juste à l'entrée du parc, les collaborateurs des concessionnaires me ''discutaient'' alors que je n'avais même pas le copeck sur moi. Permettez-moi de vous dire que j'ai essayé sept voitures, des plus luxueuses aux plus démodées sans en acheter une seule ce jour-là. Et contrairement au vendeur de bijoux qui m'a lavé d'injures, eux autres m'ont béni pour que ma décision soit vite prise afin que je vienne en acheter, tant ils ne pouvaient même pas savoir que ce n'était qu'une simulation. Les belles images vues sur place sur le parc m'ont permis d'enclencher les processus d'imagination créatrice et l'art d'anticipation qui m'ont inexorablement conduit dans un délai pas assez long à l'achat de la voiture.

Quoi que puissant outil de réalisation de soi, le désir reste lettre morte et ne se confirme en rien excepté les élucubrations psychiques ou neuronales qui rendent compte de son existence s'il n'obéit pas aux principes clairs tels qu'énoncés par Napoléon Hill. Quiconque souhaite améliorer sa vie tant intérieure qu'extérieure, ferait bien d'inscrire ses buts de vie sur une feuille de papier. Au moment même où cela se fait, les forces naturelles entrent en jeu et commencent à transformer ses rêves en réalité. Les détails seront donnés au niveau du chapitre sur le leadership personnel.

La détermination

La détermination est fondamentale pour pouvoir organiser un déploiement d'énergie à moyen ou à long terme. Napoléon Bonaparte, expert en la matière, proclamait : « la plus vraie des sagesses est une détermination ferme ». Le mot détermination vient du latin classique *determinatio* qui signifie : « fixation d'une limite, d'une fin ». Être déterminé, c'est donc avant tout, fixer une fin à un projet et rester ferme dans l'exécution de ce qu'on a arrêté. La détermination est une question d'engagement : l'engagement d'aller jusqu'au bout. C'est se caler sur un cap immuable. Le Cavalier de la Détermination reste concentré sur l'objectif et se donne les moyens de l'atteindre coûte que coûte. Ne pas faiblir, ne pas s'arrêter, ne pas abandonner. Toujours avancer, la vision en tête, jusqu'à la cible. La détermination, c'est aussi un état d'esprit. Un état d'esprit qui favorise la chance, convoque les meilleures circonstances et attire le succès. Et comme un muscle – aussi étrange que cela puisse paraître – la détermination peut être renforcée par un entraînement régulier qui la rendra solide et affûtée. Aucune main, aucune influence, aussi divine ou spirituelle soit-elle, n'aura plus d'impact sur vos résultats que vos propres prises de décisions. L'histoire suivante nous en dit long sur la force de la détermination.

Une enfant tient tête à un homme. À peine diplômé de « l'École des coups durs » et bien décidé à profiter de la leçon, Darby assista à une scène qui lui prouva que « non » ne veut pas toujours dire non ! Son oncle exploitait une grande propriété où des fermiers de couleur vivaient avec leurs familles du produit de la récolte. Un jour que Darby était allé lui rendre visite et l'aider à moudre le blé dans un très vieux moulin, la porte s'ouvrit lentement et une petite fille noire se présenta et demeura plantée sur le seuil. L'oncle leva les yeux, vit l'enfant et gronda : « que veux-tu ? » La petite répondit avec douceur : « ma maman demande que vous lui donniez 50 cents[1]. » « Hors de question, rétorqua l'oncle, maintenant, va-t'en ! » « Oui, Monsieur », dit l'enfant. Mais elle ne bougea pas. L'oncle était si absorbé par son travail qu'il ne la remarqua pas tout de suite. Quand il la vit, il hurla : « vas-tu filer ? Sinon je me charge de te faire déguerpir ! » « Oui, Monsieur », dit la petite. Mais elle demeura à sa place. L'oncle reposa le sac de grains qu'il s'apprêtait à vider dans la trémie du moulin, saisit la douve d'un tonneau éventré et avança vers la fillette. Son visage exprimait l'embarras qui résultait d'une telle situation. Darby retint son souffle : il savait que son oncle était très coléreux. Le fixant droit dans les yeux, l'enfant avança effrontément vers lui et cria de toutes ses forces : « ma maman a besoin de 50 cents. » L'oncle s'arrêta net, la regarda un long moment, posa lentement la planche par terre, mit sa main dans sa poche et en sortit 50 cents.

---

[1] Le cent, communément appelé penny, est une pièce de monnaie des Etats-Unis dont la valeur est d'un centième de dollar américain, le symbole du cent s'apparente à « ç ». 50 cents c'est alors fois cette pièce de monnaie.

La petite fille saisit la pièce qu'il lui tendait et recula jusqu'à la porte sans quitter des yeux l'homme à qui elle venait de tenir tête. Quand elle fut sortie, l'oncle s'assit sur une caisse près de la fenêtre et contempla le paysage pendant plus de 10 minutes. Sidéré, il essayait de s'expliquer les causes de sa défaite. De son côté, Darby réfléchissait. C'était la première fois qu'il voyait une enfant noire affronter délibérément un adulte blanc. Comment était-ce possible ? De quel pouvoir extraordinaire disposait donc cette enfant pour être arrivée à transformer un loup dangereux en un agneau docile ? Quel était le secret qui lui avait permis de dominer la situation ?

Plusieurs leçons sont à tirer de cette histoire mais le plus important, c'est la détermination dont le carburant est le courage. Tout ça est précédé du désir qui n'est fantasme. Lui seul n'est que masturbation d'esprit.

L'intention

In fine, on peut aussi retenir que cette histoire ressort la notion d'intention. Il y a dans le processus d'acquisition, le choix d'avoir qui a conduit à l'atteinte de l'objectif de l'enfant. La notion d'intention est amplement développée par Deepak Chopra dans Les sept lois spirituelles du succès et Vadim Zéland, physicien quantique russe qui en distingue même deux types (intention interne et intention externe) dans le tome 2 de sa série *TRANSURFING*.

L'intention est l'antichambre de l'action. C'est elle qui transpose le désir en action concrète. C'est le maître du processus. Elle définit et met en œuvre les actions qui conduisent à la réalisation (atteinte) de l'objectif poursuivi. Sans l'intention, le désir, quoiqu'ardent, est incapable. Prenons l'exemple d'un paralytique qui veut marcher. Il peut mettre à contribution tous les neurones du cerveau pour activer le désir, ça ne produira aucun résultat. Une fois guéri par n'importe quel procédé, l'intention qui était absente s'invite dans la danse et le paralytique peut se lever, et non pas marcher seulement, mais aussi sauter et courir. « L'intention offre un terrain d'action au flot libre et spontané de la pure conscience. Elle est le pouvoir réel du désir. À elle seule, elle est très puissante, parce qu'elle est le désir sans l'attachement aux résultats », nous apprend Deepak Chopra.

L'intuition

C'est le canal par lequel l'être humain peut se brancher à la vie depuis l'intérieur. Elle est vraiment opérationnelle lorsque l'esprit est débarrassé des pensées qui l'encrassent. Être intuitif n'est pas un talent accordé seulement à quelques personnes choisies. Tout le monde a des facultés d'intuition. Seulement nous sommes souvent confus. Nous vivons dans un brouillard et nous devons le dissiper pour laisser place à nos pouvoirs d'intuition. On entend dire d'une personne : « Elle a vraiment des dons psychiques. » Mais tout le monde peut avoir ces dons. Nous possédons tous un sixième sens. Nous pouvons tous entrer en contact avec les énergies qui circulent au-delà du monde physique. L'intuition nous connecte directement à notre Moi Supérieur et au moment de prendre une décision très importante alors que s'est installée la peur, elle nous aide à opérer le meilleur choix. Les grands inventeurs, les artistes, les écrivains se servent à fond de leur intuition pour créer des œuvres d'art à la limite irréprochables. Il est donc extrêmement important d'utiliser l'intuition, à l'instar de tous les autres outils de l'esprit, afin de devenir un avec toutes les forces de l'univers et toute la substance informe.

L'art de l'anticipation

L'art de l'anticipation est une forme de visualisation au cours de laquelle vous imaginez ce que vous désirez avec autant de détails que possible, et gardez alors cette image dans votre tête à tout instant, sans lâcher prise. Vous créez et jouez un film, un cliché de votre but réalisé. Pas comme un spectateur mais comme un acteur, c'est-à-dire que vous y prenez part en pensée. C'est déjà beaucoup plus efficace. Vous jouez votre propre rôle, vous accordez les paramètres de votre radiation à la ligne de vie correspondante. Par exemple, votre but est d'avoir une nouvelle voiture comme mon cas décrit plus haut. Ne la regardez pas en pensée comme si c'était une simple image. Créez-vous une sorte de rêve virtuel lorsque vous êtes éveillé. Entrez dans la voiture, démarrez-la appuyez sur l'accélérateur. Montez sur l'autoroute, roulez à l'allure réglementaire, vivez ce bonheur que vous souhaitez au moment présent. Mettez-y de la musique de votre choix qui vous motive à la perfection, arrêtez-vous au besoin pour prendre de l'air ou vous réchauffer aux rayons du soleil puisque vous êtes au volant et détenez le contrôle du mouvement, empruntez la voie réglementaire à la prochaine intersection. Faites tout ce que vous voulez, attendez pour prendre un café, allez à la plage, revenez chez vous et garez. C'est votre propriété après tout. Ne la regardez pas avec les yeux d'un rêveur en peine, tout intimidé, comme si c'était quelque chose d'inatteignable ou une éventualité lointaine. Vous possédez déjà cette voiture de votre rêve. Faites comme si c'était vrai. Et c'est déjà vrai.

    L'art de l'anticipation peut s'appliquer à toutes sortes d'idées et d'images tant nous avons des images. Mais vous devez prendre des mesures ; c'est-à-dire que le processus doit se faire concomitamment avec un certain nombre d'actes. Oui, obtenir les résultats d'une anticipation nécessite l'utilisation des cavaliers psychiques du succès à bon escient pour ensuite agir en adéquation avec eux ! Op là ! À pas de géants, nous nous dirigeons lentement et sûrement vers la mobilisation de tous les cavaliers du succès, c'est-à-dire, tous les outils dont nous avons besoins.

Chapitre 7

Pouvoir de l'esprit humain

« On peut changer toute chose précieuse mais pas le cerveau. On peut tout changer après les avoir perdus, mais si vous perdez votre cerveau vous devenez une épave »

David Icke

L'esprit et l'âme, deux des trois entités qui composent l'homme sont logées dans le cerveau, partie du corps qui est le moteur qui commande les actes physiques et émotionnels de l'être humain. Le bonheur est la santé du corps, de l'esprit et de l'âme. La notion d'esprit est variable selon qu'on est en métaphysique, dans la religion ou en psychologie. C'est le volet psychologique qui nous intéresse ici. Ainsi, il est (l'esprit), l'interface entre le cerveau et les cinq sens de l'être humain. Il désigne les processus mentaux et la faculté de penser propre à l'Homme. Il apparait clairement que son entretien ne doit faire l'ombre d'aucun doute si l'on veut qu'il déploie tout son potentiel pour amener l'être à réaliser tous les exploits dus à son rang. Toute œuvre d'art est une œuvre de l'esprit et de ce point de vue, sa qualité dépend de l'état d'esprit qui lui a permis de prendre corps. Nourrir son esprit c'est lui faire entendre les bonnes musiques de motivation, les déclamations de bonnes paroles, la fréquentation de lieux qui inspirent bonheur, lire les bons livres, avoir un but qui attise les flammes de leur potentiel intérieur. Imaginez votre plus grand actif comme une planchette de maraicher où il a planté des laitues. Pour rien au monde, il ne permettra que quiconque y laisse des ordures. Quid de votre esprit d'où prend corps ! non pas question.

Pour atteindre son but, il faut :
- L'écrire très clairement sur un bout de papier, le fixer à un ou des endroits qui permettent de les voir très fréquemment, faudra-t-il apprendre à formuler aussi un but (on en parle au chapitre sur le leadership personnel).
- Préciser le ou les services à rendre en échange du désir. Il n'y a rien de gratuit, tout est basé sur la loi du don.
- Préciser l'échéance, date butoir pour voir le but se réaliser.
- Le lire régulièrement et à haute voix, matin et soir, avoir la foi en son accomplissement, le porter aussi sur soi partout. Pour créer l'automatisme du cerveau, une répétition régulière en 21 jours est suffisante et même sans le vouloir, ça vous revient constamment mettant en jeu toutes les forces de l'univers pour son accomplissement.

- Se mettre immédiatement à jouer sa partition dans ce processus sans compter que vous n'êtes pas prêt. Ici et maintenant est le meilleur moment pour entreprendre.

Si on ne peut pas douter de la loi de la gravitation de Isaac Newton, on ne peut douter qu'une personne qui se fixe un but très clairement et travaille dans les règles qui conviennent pour son accomplissement, ne l'atteigne. Sans but, vous n'êtes qu'un bateau sans gouvernail.

Démarche de fonctionnement de l'esprit humain

L'esprit humain est un équipement standard qui est plus fertile que le sol le plus fertile du monde. L'esprit a aussi une fonction mécanique, il ne rejette rien de ce qu'on y sème (succès, échec, peur, crainte etc...). C'est la loi de cause à effet ou loi de karma. C'est la même chose pour un fermier qui sème du poison qui ne peut récolter que du poison. L'apôtre Matthieu a dit : "À celui qui a il sera beaucoup donné et il sera dans l'abondance. Mais à celui qui n'a rien, il sera tout pris, même ce qu'il possédait." À première vue, cela semble une immense injustice. Matthieu affirme que les riches deviendront plus riches et que les pauvres deviendront plus pauvres. Les gens qui pensent que ceci est inéquitable considèrent l'abondance comme quelque chose qui nous est distribué. La parole de l'apôtre Matthieu doit leur paraître immensément injuste. Mais si vous voyez l'abondance comme quelque chose que l'on attire à soi, la situation change entièrement et tout ceci n'est que justice. La personne prospère aura des pensées de prospérité et en attirera davantage. Alors que le pauvre aura des pensées de manque et de limitations et, de par la loi, en attirera davantage. L'abondance vient à nous lorsque nous sommes un aimant pour l'attirer. Les relations de travail, les occasions, les affaires, l'argent, l'amour, les amis, tout ce que nous désirons arrivera dans notre vie de par la loi et non par chance. Soit, vous attirez ce qui est bien pour vous soit vous le repoussez. C'est votre propre conscience qui, au bout du compte, détermine vos résultats.

L'esprit et le distributeur automatique de billets de banque

L'esprit, on ne le dira jamais assez, est le meilleur actif de tout être humain. Il est plus puissant qu'un distributeur de billet. S'il vous est une seule fois arrivé de ne pas pouvoir retirer votre argent de votre compte bancaire, quelle que soit la raison, alors que c'était très urgent, il vous sera plus facile de me comprendre. Quoi que cet argent vous appartienne, vous n'y entrez pas en possession. Ce désagrément peut fausser tout votre programme. Ceci peut avoir des conséquences dramatiques. Un coffre-fort de la BCEAO (Banque Centrale des Etats de l'Afrique de l'Ouest), encore moins un guichet de distributeur de billets de banque ne peut contenir, selon la règlementation, qu'un montant donné. C'est justement parce que le contrôle vous en échappe. On en parlera davantage dans le chapitre sur le leadership personnel. A contrario, l'esprit ne vous faussera jamais rendez-vous et peut même réagir pour solutionner vos problèmes au moment où vous vous attendiez le moins lorsqu'il est bien entrainé. Vous en avez la maitrise et le contrôle. C'est vôtre. Il renferme un montant illimité de somme d'argent pour vous et des générations après vous. C'est une source intarissable. Waouh ! Ce géant mérite tout l'entretien dû à son rang.

C'est justement dans conditionnement de l'esprit que réside la différence entre pauvres, ceux qui ont une vie modeste et les riches. Nulle part au monde, l'école ne vous enseigne comment gagner de l'argent, mais directement ou indirectement, elle vous enseigne comment vivre une vie par procuration en confiant toute votre destinée à une personne physique ou morale qui la manipule à sa guise.

Energisez votre esprit : Différence entre pauvres, modestes et riches

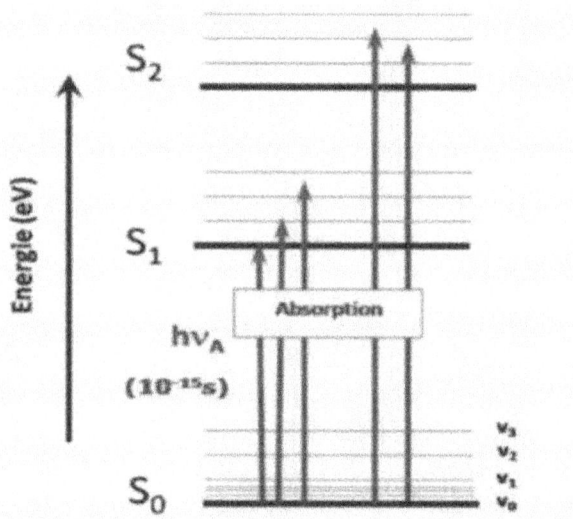

Schéma simplifié du processus d'usage de l'esprit dans la création

Tous les êtres humains normaux sont nés avec ce même actif. L'usage à l'âge de raison, fait la différence entre le pauvre, le modeste et le riche. En effet, le diagramme ci-dessus est celui de désintégration de particules. Pour que la particule parte d'un niveau d'énergie (un trait horizontal) vers un autre, il faut lui communiquer une quantité d'énergie donnée. Cette énergie est ainsi dite quantifiée. Ainsi, une particule peut passer de l'état fondamental, niveau le plus bas, à l'état ionisé. Il est donc à retenir que la particule se positionne sur un niveau, dépendamment de quantité d'énergie absorbée ou cédée. Si vous n'avez pas des connaissances de base en physique atomique, ne vous forcez pas à comprendre les terminologies utilisées pour faire passer cette idée. Mais la bonne nouvelle est le parallèle établi avec l'esprit humain qui fonctionne exactement de la même manière. Autrement, de votre capacité de réaliser des chefs d'œuvre ou de gagner de l'argent, dépendront la qualité et la quantité d'énergie que vous déployez pour libérer le potentiel que Dieu a placé en vous.

Un atome auquel on communique très peu d'énergie ou pas du tout, reste tout le temps que c'est nécessaire, à l'état fondamental. C'est le cas des pauvres qui abandonnent leur esprit à l'état de nature et qui surfent sur un coup du hasard pour gagner leur vie. Pour eux, il n'est pas question de se gêner parce que, à chaque jour suffit sa peine et vivre au jour le jour leur vaut valablement la peine. L'énergie de ces atomes étant quantifiée et discontinue, correspond à des niveaux donnés. Ces niveaux correspondent aux différents états excités. Oui, c'est bien la catégorie de ceux qui bossent toute leur vie pour des diplômes et se trouver du travail qui leur permettrait de vivre le bonheur sur terre. Mais hélas ! La plupart d'entre eux mènent une vie par procuration. En quête de la liberté financière, ils n'arrivent même pas à s'assurer une sécurité financière. Toujours sous le coup d'un licenciement ou d'une radiation pour être plus sévère. Eux, au moins, déploient un peu de leurs potentiels pour générer des passifs. Le dernier niveau est appelé état ionisé. Un atome atteint cet état lorsque l'énergie à lui communiquée est suffisamment grande pour lui arracher un ou plusieurs électrons. Félicitations à ces gens qui ont pu atteindre ce niveau même si eux aussi n'utilisent qu'une petite portion du potentiel de leur actif. Ce sont eux qui constituent les 5% de la population mondiale qui détiennent les 95% de la richesse mondiale. Appartenir à ce cercle restreint n'a rien à voir avec l'instruction. Aucun enseignement officiel au monde n'enseigne les méthodes, outils ou principes pour y parvenir. Des éclairés ''hackent'' leur éducation même à bas âge pour emprunter avec tous les risques que cela comporte, le raccourcis de prestige.

Changez de paradigme pour influencer votre vie, transgressez la logique conventionnelle, arrachez-vous du conditionnement qui fait croire que se magnétiser pour attirer l'argent est une idiotie ou est source de damnation. C'est une question de responsabilité personnelle, le monde attend beaucoup de vous. Personne ne peut vous voir prendre des décisions mais tout le monde peut en constater les résultats. Une personne incapable de prendre la bonne décision au bon moment est vouée à l'échec parce qu'une bonne décision même prise au mauvais moment devient une mauvaise décision. Et le meilleur moment c'est ici et maintenant : le moment présent. Les choses passées sont mortes et les choses à venir ne sont que probabilistes. Si elles venaient, elles se réaliseront au présent.

Faites bouger le curseur vers le pôle de la prospérité

Sous ce titre qui sera le dernier de ce chapitre pour vous relancer vers le chapitre sur le leadership personnel, je vous propose un schéma tout simple en quatre étapes qui va vous permettre de tester vos capacités à mettre en jeu le potentiel spirituel en vous pour passer de la servitude à la liberté tous azimuts.

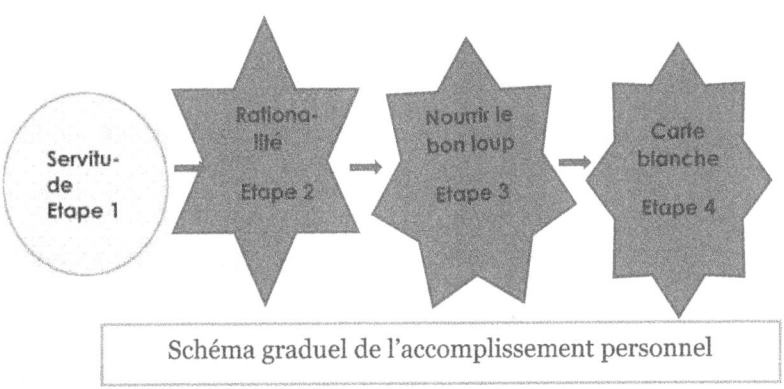

Schéma graduel de l'accomplissement personnel

Etape 1 : la servitude

C'est le moment où l'individu est ignorant de son ignorance, c'est-à-dire qu'il ne sait pas et ne sait pas qu'il ne sait pas. Soit il est fauché, déboussolé ou vit une vie fondée sur le hasard. Je l'appelle aussi état primitif où l'individu vit en porte-à-faux avec son droit de naissance. La personne a son sac plein d'excuses comme meilleur compagnon de fortune. Il blâme tout le monde, sa famille, le gouvernement et même s'autocensure. Celui-là se familiarise aussi avec la peur et tout son champ lexical et refuse de se décider pour prendre ses responsabilités en tant que produit divin. De fait, ni les forces de l'univers ne sont d'accord avec lui, car il fausse les pronostics placés en lui, encore moins l'architecte par excellence de tout. Mais la bonne nouvelle à quiconque se trouve dans cet état calamiteux est que tout est encore possible tant que le souffle de vie continue d'être une grâce pour lui. Il suffit juste de revenir sur sa ligne de vie pour penser de la façon qui vaut la peine.

Etape 2 : La rationalité

Eh oui ! C'est le moment de la prise de conscience de sa situation. Par questionnement et raisonnement, l'individu a certainement obtenu une alerte imagée, spirituelle ou auditive qui l'a transformé. De fait, il commence à réfléchir pour trouver une issue favorable. Du coup, il change non seulement la façon de penser mais aussi la flamme intérieure qui va illuminer son chemin vers le succès. L'esprit se déplace dans le sens des « je peux », « je dois », « j'ai confiance en moi », je suis un produit divin », « le développement, ça-y-est », « tous les obstacles sont surmontés ». Il fréquente les bons lieux, lit les bons livres, suis de bons films et fréquente les bonnes personnes. Bingo ! Son mindset devient producteur d'énergie à la perfection, il est enfin prêt à décoller. L'école de la vie ne fait pas de cadeau. Rien ne vient comme par hasard. Tout se construit et ce, depuis l'intérieur.

Etape 3 : Nourrir le bon loup

Je te sens t'attarder sur le titre de cette troisième étape pour te demander ce que je voudrais y mettre. Oui, c'est bien évidemment avec raison que tu as ce sentiment parce que le nom du loup semble avoir une connotation péjorative. Mais dans ce contexte, le sens que je lui prête m'a été inspirée par une légende indienne. Celles dites des ''deux loups'' racontée par le vieux cherokee et transcrite dans le livre *ce que vous faites maintenant crée votre futur* de Joe Vitale. Il y a en ce moment un jeu conflictuel entre la résurgence des anciennes façons de penser et les nouveaux projets de succès. C'est bien, chose normale parce que les anciens clichés emmagasinés dans le subconscient n'ont pas cessé de se manifester. L'individu en état de conscience pur, entendra désormais directement des personnes de son entourage lui dire : « tu ne peux pas faire ça », « tu rêves, tu vas échouer, tu cours assez de risques, tu n'es pas doué ». De grâce, vous ne devez pas les écouter. Lisons la légende du vieux cherokee qui va aider à tirer une leçon qui permettra à l'individu d'y sortir gagnant.

Légende indienne : les deux loups. Alors qu'il enseignait à ses petits-enfants, le vieux cherokee a dit : « un combat a toujours lieu à l'intérieur de moi-même et ce, entre deux loups. L'un est mauvais, il est peur, colère, apitoiement, envie, chagrin, regret, avidité, culpabilité, ressentiment, infériorité et égo. L'autre lui est bon, il est amour, espoir, partage, sérénité, humilité, bonté, bienveillance, amitié, empathie, générosité, compassion et foi. Le même combat a lieu en vous. Tout individu sur cette terre en est victime. Les petits enfants réfléchissent quelques instants et demandèrent au grand père, lequel des deux loups l'emportera ? Le vieux cherokee répondit simplement : celui que tu nourris. A l'instar de la réponse du sage indien, il faut alors dire STOP aux vieux systèmes de croyances du subconscient et ramener votre concentration sur ce que vous voulez au moment présent pour mieux vivre le futur dès qu'il va se réaliser, évidemment dans le moment présent aussi. Il n'y a que chacun pour décider de ce qui est meilleur pour lui. Quand vous avez l'inspiration de changer votre vie et de faire de votre rêve une réalité, c'est littéralement votre Moi Supérieur qui nous dirige. Vous devez suivre vos rêves créateurs sinon, vous allez vous dessécher et mourir ou sentir la mort.

Etape 4 : Obtention de la carte blanche

Dans une vie exempte de toute concurrence, chacun n'a qu'à se positionner sur le fauteuil qui est le sien et qui n'appartient plus à aucune autre créature sur toute la terre. Même la science a prouvé l'unicité de chaque être humain car fondamentalement, deux personnes ne se ressemblent pas génétiquement de façon parfaite. Les empreintes digitales le prouvent. L'univers n'est qu'abondance et toute créature humaine peut faire fortune, vivre le bonheur. C'est son droit de naissance. Chaque individu est comme un poisson dans un vaste étendu d'eau. Il y a donc assez pour tout le monde. Brisez la peur et prenez position. C'est votre droit de naissance de vivre le bonheur en pensant et agissant d'une certaine façon. Pour vous départir de la peur au moment de prendre une décision, prenez une bonne respiration, pratiquez la méditation pour faire au besoin le vide dans votre tête, consultez quelqu'un qui a ce que vous recherchez ou qui a réussi dans le domaine où vous voulez exceller. Quand vous échangez avec des personnes éclairées sur le chemin que vous désirez emprunter, ils vous communiquent de l'énergie qui vous rassure, puisque nous sommes des êtres psychiques et nous captons les pensées et les vibrations des autres. Pour agir, n'attendez pas la disparition totale de la peur, car cela ne se réalisera jamais d'autant plus que les causes sont là, têtues en vous. Votre meilleure perception dans la continuité vous y aidera.

J'ai l'assurance, puisque testés et prouvés, que tous les cavaliers du succès énumérés ici, une fois mis en pratique, vous permettront à coup sûr, d'emprunter les chemins les moins fréquentés dont les issues sont inévitablement le SUCCES. À cette étape, trouvez-vous une idée et votre leadership personnel se chargera du reste.

Chapitre 8

Le leadership personnel

« *Vous gagnez de la force, du courage et de la confiance à l'occasion de chaque expérience par laquelle vous cessez vraiment de regarder la peur en face. Vous devez faire la chose que vous pensez ne pas pouvoir faire.* »

Eleanor Roosevelt

Devenir soi

On ne le dira jamais assez, faire tourner la roulette de l'accomplissement personnel n'est que question de décision individuelle. Le succès et l'enrichissement sont d'abord une responsabilité personnelle. Je pense qu'avec conviction que les concepts d'éradication de la pauvreté mentale et anthropologique ont été largement développés dans les chapitres précédents. J'aborderai dans ce chapitre les outils de la pratique qui conduiront à faire fortune. Il sera pleinement et dignement question d'identifier et de mettre en pratique ces outils que l'école classique n'a jamais enseignés dans aucun de ses programmes même pas dans nos universités dont l'issue devrait être une maitrise du jeu de la vie. Se positionner au sommet de la pyramide des êtres et aider des millions d'autres personnes doit être le leitmotiv de tout être humain qui se veut libre vraiment à l'image de Dieu. Si vous ne pouvez pas vous prendre en charge pour réaliser votre rêve, vous serez amené à aider d'autres à réaliser les leurs. Vous n'êtes respecté que lorsque vous êtes capable d'apporter une plus-value au monde. Quelle que soit votre situation actuelle, vous en avez les potentialités. C'est cela la bonne nouvelle. Si vous n'avez pas une identité, on fait de vous ce qu'on veut puisque nous sommes tous dans un univers où chacun doit prendre ses responsabilités. Plus d'uns l'ont fait et ce n'est pas vous qui en serez incapable. Si un simple virus comme celui de covid 19 peut muter et échapper au contrôle de la médecine, ce n'est pas vous qui n'en serez pas capable. Malcom X et Nelson Mandela, pour ne citer que ceux-là, ont transformé leurs emprisonnements en atelier ou une école où ils se sont métamorphosés à la perfection.

    Nos éducateurs de premier plan, les parents et ceux du second plan, les enseignants nous ont habitués à la sagesse conventionnelle qui veut que pour avoir la clé de la réussite dans notre vie, il fallait bosser très dur à l'école, avoir les meilleures notes et obtenir de grands diplômes. Ce ne fut pas de la méchanceté mais c'est juste leur conditionnement qu'ils nous transmettent. La mauvaise nouvelle est que le gouvernement a changé la serrure de la porte. L'entrée devient soit très difficile ou impossible la plupart du temps. La preuve en est que des milliers de diplômés sortent des universités chaque année mais très peu exercent à l'avenir un emploi en adéquation avec leur formation de base. Réinventez-vous, réadaptez-vous, reculez pour mieux sauter. Ce n'est pas une fuite en avant mais plutôt une stratégie.

Un jour, j'ai pris un taxi-moto communément appelé « zémidjan » ici au Bénin, tellement il était bien habillé et discipliné dans la conduite qu'il incarnait tout simplement un citoyen qui mérite respect et admiration. Le comble est qu'il parlait un français soigné au point où j'ai décidé à ma descente d'échanger quelques mots avec lui parce que j'avais encore un peu de temps pour faire mes courses. À ma question de savoir quel était son niveau d'études, c'est sans hésiter qu'il me dit avoir une maitrise en linguistique et un Certificat d'Aptitude Professionnelle de l'Enseignement Secondaire. Je dis waouh ! Et qu'est-ce qui vous amène à ce métier de conducteur de taxi moto ? Demandai-je. Juste me faire un peu d'argent pour créer une entreprise. J'ai commencé la vacation dans les lycées et collèges mais je me suis rendu compte que je ne pouvais pas y gagner ma vie parce qu'à la fin ça ne me passionnait pas. Et j'ambitionne de créer une entreprise de location de motos parce que j'ai constaté que des gens de cette corporation, très utiles dans les échanges sociale et commerciale manquent cruellement de moyens et d'assistance pour mieux exercer leur métier. Deux grandes leçons sont à tirer de la logique de ce monsieur dont le nom et celui de son entreprise seront dévoilés dans les lignes à suivre. Les cas sont légion mais je n'en citerai que quelques-uns.

LAOUROU Inès, elle autre est titulaire d'une licence en Biologie à l'université de Calavi n'a pas cherché à enseigner comme le feront naturellement les autres étudiants parvenus à ce niveau. Elle a entrepris de prendre des articles à crédit pour les revendre tous les soirs sur l'esplanade du stade Mathieu Kérékou à Cotonou. Une fois j'ai été témoin d'une moquerie envers sa modeste personne. Juste que j'ai entendu mais je ne pouvais pas répondre à ces ignorants détracteurs tant je ne les connaissais pas. J'en ai juste souri. N'en déplaise aux intentions de celui-ci ou de celui-là, Inès était convaincue qu'elle marchait tranquillement et lentement vers sa porte et elle y est arrivée. Demandez-moi comment et je vous dirai ! Aujourd'hui, après deux ans de ce métier dont beaucoup se moquaient, elle est devenue propriétaire d'une boutique de vente de vêtements pour femmes et des produits de beauté.

Sikirath KOKOKO est titulaire d'une licence en sociologie mais a décidé depuis 2015 de se faire former en make-up et fabrication de produits cosmétiques et de beauté. Elle est aujourd'hui propriétaire du centre SIKO Abèni Fashion qu'elle dirige et y forme d'autres jeunes passionnées en quête de professionnalisation. Elle n'a rien à envier à un fonctionnaire d'Etat. Elle mène une vie enthousiaste et maîtresse de son temps. Soyez ''cancre'' à l'école mais jamais dans le jeu de la vie. C'est à l'école que la tricherie est blâmable, *a contrario* elle est règle d'or dans les affaires et dans l'entreprenariat. Détachez-vous de la logique conventionnelle si possible et raisonnez. Le premier jour de mon cours de master, le professeur OGOUWALE nous a clairement dit : « je veux vous choquer par mes propos, et c'est ceux qui sont vraiment choqués qui parviendront à réaliser leurs rêves ». Il continue en disant : « vous devez changer le coefficient directeur de la droite qui caractérise votre vie jusqu'ici, je vous sens positifs. Cela ne suffit guère, puisque vous n'êtes que passifs, mais vous devrez être continuellement créatifs et savoir saisir les opportunités qui ne sont que rencontre entre attention et préparation. Dans cet amphi, cette belle salle climatisée, vous n'aurez que les rudiments de ce qu'il vous faut pour exercer votre métier de consultant professionnel ». Il l'a dit avec une certaine arrogance, du moins c'est ce que je voyais en ce moment mais hélas, c'était un pur et simple cours de développement personnel qui est ainsi donné gratuitement. À la fin de la formation, sur les vingt-sept matières qui nous ont été enseignées, aucune ne nous donnait les ressources nécessaires pour bomber le torse et nous affirmer sans avoir peur d'être inquiétés par qui que ce soit pour dire que nous sommes des consultants. Ce n'est qu'en me souvenant et m'inspirant de ce message du professeur que j'ai dû me faire former dans deux cabinets différents où j'ai acquis de vraies aptitudes, des fondamentaux du métier de consultant en développement personnel, local et durable. Voici là encore les limites du système classique de l'enseignement. C'est en cela que je suis d'accord avec un de mes mentors qui dit que le système éducatif surtout francophone forme à 99% à la théorie, au savoir écrire un Curriculum Vitae, une lettre de motivation, à chercher un emploi. Hélas !

Pour finir avec cette rubrique, je vous fais lire le témoignage d'un étudiant du coach burkinabè Simon OUEDRAOGO. Lui qui déclare « qu'une bonne éducation peut être inadaptée ». La preuve en est qu'après son master, il s'est orienté vers d'autres champs de formations dont la métaphysique et aujourd'hui, influence le monde par ses enseignements. Si je devais donner un nom à ce témoignage, je l'appellerais le « test de l'engagement ».

« Après mes études de master en communication des entreprises, j'ai fait beaucoup de stages professionnels à l'issu desquels je n'ai été retenu nulle part alors qu'on m'a toujours adressé une lettre de félicitations et de bonne collaboration à la fin. Fatigué d'attendre un travail qui ne venait jamais alors que l'âge avançait, un monsieur m'a conseillé d'aller rencontrer le coach Simon qui certainement va m'orienter. Sans hésiter, je pris rendez-vous avec ce monsieur qui m'a paru au départ un vaurien tant il me demandait ce que même mon père ne pouvait me demander. Figurez-vous, il me dit qu'avant qu'il ne m'écoute pour bien échanger avec moi, je devrais prendre des produits de premières nécessités que je vais vendre dans les carrefours, et ce pendant deux semaines durant. C'était le comble pour moi, c'était de la mer à boire, de la couleuvre à avaler tout simplement. Je ne m'en revenais pas puisque même si je n'ai jamais été haut cadre dans une grande entreprise, j'y ai au moins travaillé en tant que stagiaire dans des bureaux climatisés avec le minimum de confort ! Mon accoutrement, ma façon de me comporter dans le quartier et parmi mes amis me donnait tout le respect digne de mon rang de cadre A1 ! Ouf ! Mon intuition me dit d'y aller. Je parie que le premier jour je suis allé me réfugier sous un arbre et le soir je suis rentré dire que je n'ai pas trouvé de clients. Le lendemain, je me suis rebellé contre moi-même et contre tous les obstacles mentaux que je me suis inventés. C'est alors que je brisai tous les obstacles, tentai d'approcher des clients et malgré toute la honte qui me couvrait, j'ai réussi à vendre quelques articles. Le troisième jour, avant d'aller sur le terrain pour la conquête de mes clients, il me prodigua quelques conseils. Plus que le deuxième jour, j'ai encore vendu. À mesure que les jours avançaient, je m'y habituais progressivement et vendre devenait pour moi une passion. Ce n'est qu'après les deux semaines que le coach a accepté échanger sur mes réelles motivations. Mais avant, il me demanda comment est-ce que j'ai trouvé le métier de vente. C'est sans hésiter que je lui ai dit que c'était passionnant. Il me demanda ensuite les leçons de vie que je pouvais retenir de cette expérience. J'ai répondu : savoir vivre, adaptation, responsabilité. À partir de ces moments, toute ma vie mérite d'être vécue. J'ai pu identifier le sens que je devrais donner à ma vie, ce que je dois réclamer à l'univers et ce que je devais rendre en échange ».

Se créer une vie de liberté demande des efforts, mais pas n'importe lesquels. Atteindre cette liberté qui vous permet de sauter du lit le matin, motivé à attaquer ce que vous aimez faire, nécessite au préalable des efforts que peu acceptent faire. Pour réussir dans la vie, il faut ramer à contre-courant, faire l'inverse de ce que la plupart des gens font. Peu acceptent de lire les bons livres, beaucoup s'accrochent aux réseaux sociaux, peu acceptent d'adopter les bonnes attitudes alors que ce sont elles qui définissent les bonnes habitudes d'où naissent les bonnes actions à l'origine des bons résultats. Voilà toute la vérité. « Tout le monde veut faire la différence mais personne ne veut être différent » a dit Andy Andrews.

Quel que soit votre passé, quelle que soit la manière dont vous aviez conduit votre vie ou que d'autres l'ont construite pour vous, demain reste une feuille blanche. Que vous ayez vingt ans, quarante ans ou plus, que le temps qui vous reste à vivre sur terre se chiffre en décennies, ou en mois, chacun a encore la possibilité d'écrire son lendemain. Videz vos sacs pleins d'excuses. Vous n'êtes pas obligés d'entreprendre avec des millions puisque le refrain quotidien des gens atteints de cette maladie dite d'*excusite* est : je n'ai pas assez d'argent pour entreprendre. C'est du bluff puisque seules votre volonté et votre détermination peuvent déjà entreprendre. Vous pouvez partir de zéro à héros.

Réussite à l'école n'est pas forcément synonyme de réussite dans la vie. L'école ne teste même pas l'intelligence mais la mémoire. Or, dans le jeu de la vie, même l'intelligence et le talent inné ont de limites. *In fine*, il faut avoir la force du caractère. C'est une erreur monumentale que se faire former même dans une école professionnelle et d'attendre réussir à un concours. Au lieu qu'à vingt-cinq ans les jeunes continuent à encore vivre avec les parents, toujours dépendre d'eux et plus grave, continuer à discuter la pâte recyclée avec les petits frères, il faut qu'ils s'arrachent du conformisme, se poser les vraies questions pour prendre leurs responsabilités. Prendre en charge sa vie est un devoir sacré que tout individu doit accomplir pour allumer la flamme de l'accomplissement personnel. À ce propos, Robin S. Sharma a dit dans sa fable, *Le moine qui vendit sa Ferrari* : « Si tu n'as pas le temps de penser à ta vie, c'est comme si tu n'as pas le temps de t'arrêter pour prendre du carburant au cours d'un long voyage en dehors des agglomérations ». Il faut donc rêver pour y arriver.

Le rêve

Au commencement était le rêve. Mais l'important est de savoir de quel rêve doit-il s'agir puisqu'il y en a plusieurs ! Je classe tout ce qu'on peut entendre par rêve en quatre catégories :

-**Les rêves morts** : ce sont les rêves faits pendant que l'on dort. L'individu n'en a aucune conscience. Seule l'âme en sait quelque chose puisque ce sont souvent les rappels des anciens clichés enfouis dans le subconscient qui se manifeste dans l'espace des variantes au moment où le corps se repose. Ce type de rêve n'est pas ce qu'il faut pour l'individu qui ambitionne réussir.

-**Les rêves lucides et vagues** : ce sont les rêves que fait un individu en état de conscience. Mais il n'arrive pas à maitriser son esprit. Il le laisse se promener dans tous les sens possibles en s'accrochant vaguement à des choses, des idées ou des lieux qui le retiennent au point qu'il oublie son corps pour ne revenir prendre possession que lorsqu'il s'en remet. On dit qu'il rêvasse.

-**Les rêves utopiques ou idéalistes** : Ce sont les rêves moins vagues que les précédents. Ici, l'esprit est bien en place, l'individu le maitrise et c'est d'ailleurs lui qui le manipule cette fois-ci au lieu de l'inverse. C'est déjà bien. Comme vu au niveau de la reprogrammation, les inventeurs sont ceux qui maitrisent leurs esprits et l'utilisent à bon escient. Mais hélas, ici les rêves s'accrochent à des choses irréalisables, qui ne sont peut-être pas du pouvoir intrinsèque de la créature sauf si l'Architecte Lui-même en arrivait à agir en l'individu. Ressusciter un mort par exemple n'est pas l'apanage des hommes même si des prophètes ou élus du Chef Suprême ont pu le faire par le passé et bien entendu par Sa volonté permissive. Rêver de vider un océan de son contenu est aussi de l'utopie. Là aussi ne sont pas les rêves qu'il faut pour l'individu qui travaille à accomplir sa légende personnelle.

-**Les rêves réalistes** : ce sont des rêves qui sont atteignables et dont l'accomplissement dépend des traits de caractères de l'individu et non de la chance. Un rêve qui motive le rêveur, qui allume sa flamme intérieure, qui peut le faire sauter du lit le matin. Le rêve réaliste doit clairement s'identifier à la définition que lui donne Sharon Hull : « le rêve est la possibilité qui, semée dans l'âme d'un être humain, l'appelle à suivre un unique chemin vers la réalisation de son but. Le rêve réaliste et atteignable, doit naître de l'imagination personnelle et de la créativité ». Il ne doit rien faire pour plaire aux beaux yeux de quelqu'un ou pour le satisfaire. C'est de ce rêve qu'il s'agit. Et il faut bosser dur pour le réaliser. Nous avons le vilain plaisir surtout en Afrique francophone de confondre action (travail) et clémence divine dans l'accomplissement de rêves. Hélas ! on ne réussit pas sa vie en remplaçant paresse par prière. Dans la réussite de son rêve, chaque composante a sa valeur et l'un ne saurait remplacer l'autre. Ni la prière et encore moins la chance ne peuvent remplacer le travail.

Critères de choix d'un rêve

« Un rêve est représentation de l'avenir qui stimule l'esprit, la volonté et l'émotion, qui rend la personne capable de faire tout en son pouvoir pour le réaliser » John Maxwell. Dans la même logique d'idée que cette définition du rêve selon Maxwell, quand j'étais fauché et au bord de la déchéance morale, mon rêve d'obtenir ma mutation pour Calavi était plus qu'une obsession pour moi. Tant j'étais motivé, la volonté d'y parvenir était au top et je le vivais déjà. Je vivais constamment les implications de ma mutation dans ma tête. Dans mon champ de visualisation, une série de vibrations positives traversait mon corps. Plus clairement, la date était connue. Ce devrait être cette année scolaire et pas une autre. Autrement la vision qui découlait de mon rêve était claire comme l'eau de roche et avait une échéance. Sans aucun moyen de ma politique au départ, j'ai eu tous les moyens d'y parvenir par la suite au prix de ma détermination. Au-delà du rêve qui n'est qu'une façon de penser, il fallait associer une autre façon adéquate d'agir. Ce que j'ai fait et le résultat s'en est suivi.

À l'âge de 14 ans, Arnold Schwarzenegger venait de découvrir sa passion dans un centre de culturisme. Une fois qu'il a découvert son propre rêve qui était de devenir l'homme à la musculature la plus développée du monde entier, il s'est mis à le poursuivre avec acharnement. Malgré le fait que ses amis s'en moquaient et ses parents ne croyaient pas en lui, il s'entrainait plusieurs heures consécutives. Déjà à 18 ans, alors qu'il faisait le service militaire obligatoire dans l'armée autrichienne, il a remporté le titre de M. Europe Junior, sa première compétition d'importance. L'année suivante, il a remporté le titre de M. Europe. A 20 ans, Arnold a étonné tout le monde par sa victoire quand il remportait en 1967 le concours amateur de M. Univers tenu à Londres. De succès en succès, il remporta sept fois de suite le prestigieux concours M. Olympia au grand étonnement de tous. Avoir son rêve et travailler pour sa réalisation est une chose assez noble. Chacun de nous n'a qu'une seule vie à vivre. Il serait regrettable de gaspiller cette unique chance pour les apparences, pour contenter un autre.

Le premier grand pas à poser est celui de votre rêve. Prenez une pause, définissez clairement votre rêve en tenant compte des critères ci-dessus énumérés.

Le but

Le but est l'espoir d'un individu, la réalisation qu'il espère dans le futur. C'est un résultat à long terme que l'on veut obtenir. C'est une vision complètement générique à la fois énorme et large. Le but peut être mesurable ou non. Il peut couvrir toute l'importance d'une vie comme la santé, les finances, un aspect physique et même la famille. Un but doit être fixé sur la base d'un objectif qui motive. Un but bien fixé doit être précis et limité dans le temps. Sa réalisation ne doit en aucun cas fonder sur la chance et les efforts extérieurs même si ces derniers peuvent constituer des facilitateurs.

Dans un but clairement défini se trouve la magie de sa réalisation. Ensuite il y a l'équipage, c'est-à-dire les moyens et enfin le pilote qui n'est que l'individu lui-même. Jouons avec ce petit élément : on désire, à l'aide d'un bateau, conduire des marchandises du large des côtes du port d'un pays (A) à un pays (B) d'un temps t_1 à un temps t_2. Le but est clairement défini ! oui, les deux autres combattants (pilote et équipage) doivent aussi avoir leur mot à dire. Si le capitaine ne monte pas à bord pour faire ce qui est de son devoir de même que les membres de l'équipage pour accomplir les gestes nécessaires, soit le bateau ne bouge pas, soit il bouge et va chuter sur une rive quelque part.

La source de difficultés dans l'accomplissement de soi est soit l'absence de but soit, des buts mal formulés qui ne donnent pas la motivation nécessaire pour leurs réalisations. Keller, aveugle né, interrogée sur le drame dans nos sociétés actuelles dit sans hésiter que : « le plus grand drame de notre société actuelle est d'avoir la vue et ne pas avoir la vision ». Des phrases imprécises du type « Je veux être riche et heureux » ne fonctionnent pas. Imaginez que vous marchez en ville sans but particulier. Vous vous baladez tout simplement, sans but. Où finirez-vous ? Personne ne le sait. En revanche, s'il existe une destination en particulier, alors tôt ou tard vous y arriverez, même si vous ne connaissez pas les détails de l'itinéraire. C'est la même chose dans la vie : si vous n'avez pas de but, vous êtes alors comme un petit bateau de papier dans un orage en mer. S'il y a un but et que vous y allez, vous pouvez très bien y arriver ou pas. Il n'y a qu'un seul cas où vous aurez toute la garantie de sa réalisation : si le but est le vôtre et que vous marchez vers lui à travers votre *porte, le travail qui est le vôtre.* Dans ce cas, rien ni personne ne pourra vous arrêter, parce que la clé que vous détenez correspond idéalement à la serrure sur votre chemin. Personne ne peut prendre ce qui est vôtre. Il n'y aura donc aucun problème à atteindre le but. Fixez clairement votre but et commencer à déjà vivre sa réalisation puisque vous aurez l'assurance d'y arriver. Cela s'est exactement produit avec moi lorsque je devrais m'inscrire pour mon cours de master en ingénierie territoriale. Votre détermination à vous déplacer est une intention dépassionnée de faire le minimum de ce que l'on vous demande. Agir de manière dépassionnée ne signifie pas agir avec appréhension et sans esprit. Je pense que vous comprenez ce que j'essaie de dire. Vous avez seulement besoin de penser à travers le scénario de l'accomplissement du but en termes généraux : définir les principales étapes sur le chemin vers votre but, c'est-à-dire les liens de la chaîne de transfert. Après cela, il est nécessaire d'arrêter de penser au scénario global. Il ne devrait y avoir que le cliché de votre but dans votre esprit. Ce cliché ne contient que l'image du but accompli, et n'y inclut aucun scénario. Jouez le cliché dans votre tête à tout moment, vivez-le. Votre zone de confort commencera à s'étendre et les paramètres de votre radiation commenceront à s'accorder à la ligne de vie de votre but.

Choisissez correctement la commande, et laissez tout le reste au serveur

Chaque jour porte en lui une petite pièce de votre futur succès. Lorsque vous voulez allumer votre poste téléviseur, depuis votre canapé, il vous suffit d'appuyer la bonne touche et le système électronique incorporé de la commande se charge d'exécuter et vous êtes satisfait, oui bien sûr que ça fonctionne exactement de la même manière avec vos buts. Il suffit de définir clairement votre but, en préciser l'échéance, agir de la façon efficace puis ne pas du tout se préoccuper de comment il va se réaliser. Je disais plus haut que ce principe avait bien fonctionné pour moi au moment de m'inscrire pour mes cours de master. Comment alors ? Laissez-moi vous dire. C'était la mi- mois d'octobre de cette année. Même les frais de dépôt de dossier pour étude, je n'en avais pas. Tellement le but était clair dans ma tête, ma détermination pour suivre la formation cette année était aussi grande et les forces de l'univers ont fait le miracle. Une nièce à qui il avait été recommandé une ville pour suivre ses apprentissages en couture, a préféré aller vers moi à Cotonou. Je puis vous assurer que j'ai retardé son inscription dans son atelier pour juste quelques jours, le temps de toucher le salaire. Cela me permit de m'inscrire dans le délai. La formation ayant démarré, je la suivais sans jamais me préoccuper de comment j'allais pouvoir payer les frais. Miracle. Trois jours avant la date butoir de clôture des inscriptions, au mois de février donc, j'ai reçu un message de virement d'un rappel sur salaire en souffrance depuis un moment. Ce montant faisait quatre fois ce qu'il me fallait pour l'inscription. Ce n'est même que plus tard après ce ''miracle'' que j'ai découvert ce principe à travers d'autres formations en développement personnel. Mais rassurez-vous, ça marche à la perfection. La ligne de transfert de votre but est très importante.

Un jour, je marchais sur une chaussée humide... Il y a plu dans la matinée, et les vers de terre ont rampé de la pelouse à la chaussée, à la recherche du sens de la vie et de nouvelles découvertes. Ils ont tous connu des destins différents. Les plus chanceux ont réussi à ramper jusqu'au parterre le plus proche avec une riche terre noire. D'autres ont été picorés par les oiseaux. Ici, un autre ver s'est fait écraser par les semelles d'individus piétinant la chaussée. Le soleil a réchauffé le sol et séché toute l'humidité, rattrapant un ver en plein milieu de la route. Il réalise son erreur bien trop tard. À présent, il n'a plus suffisamment d'énergie pour ramper de l'autre côté. Une lente et douloureuse mort va s'acharner sur ce ver pendant longtemps, jusqu'à ce qu'il dessèche complètement. Et alors, tout à coup, une puissance inconcevable empoigne le ver et le déplace jusqu'à la terre humide. Une telle chose était impossible, du point de vue du ver. Il était incapable de la comprendre ou de l'expliquer. Mais il n'y avait rien de surnaturel pour moi : je me suis juste senti triste pour ce ver, et je l'ai jeté sur le parterre de fleurs. Apparemment, ce voyageur solitaire a choisi correctement le but de sa porte, après tout. Si votre but semble difficile à atteindre de votre point de vue, alors les lourdes pensées et les doutes quant à un possible échec ruineront toute la réalisation. Comment peut-on croire à l'impossible, pour le rendre possible ? Voilà le parfait exemple d'une question stupide. Il n'y a pas moyen de croire à l'impossible ! Je reprends encore une fois ce qui a déjà été dit. Vous ne pourrez jamais vous convaincre vous-même, ni vous persuader, ni vous faire croire. Débarrassez-vous de ce problème insipide, et occupez-vous de bouger vos pieds sur le chemin du but. Le fait que le but semble difficile à atteindre ne doit pas vous importuner. Il vous est difficile d'imaginer comment une telle chose pourrait arriver. Mais vous perdez votre temps à vous en soucier. Beaucoup de personnes, ayant accompli de grands succès, ont dit plus tard qu'elles n'auraient jamais cru qu'elles étaient capables de parvenir à de tels résultats. Dieu, l'Architecte de l'univers dit OUI à tout ce que vous voulez.

Les objectifs

Un objectif est un but concret et accessible que l'on recherche à atteindre dans un délai déterminé. Un objectif est tangible, a un calendrier et mesure le degré de réalisation du but. Les objectifs doivent être à long terme si non vous risquez d'être facilement détourné et découragé par les obstacles possibles au début de leur mise en œuvre. Ils doivent être aussi grands que possibles pour qu'ils aient le pouvoir d'émouvoir l'âme.

Beaucoup d'organisations utilisent la méthode SMART pour définir et mesurer les objectifs. Sans objectifs, le but ne peut pas être atteint. L'objectif peut être modifié mais pas le but. Pour éviter de modifier le ou les objectifs pour gagner du temps dans la réalisation du but, il faut qu'ils soient vraiment SMART.

Soyez SMART

Vous avez sûrement entendu parler du fameux « SMART ». C'est un moyen mnémotechnique pour se souvenir des critères qui nous permettent de déterminer efficacement un objectif : le **S** comme **S**pécifique ; le **M** comme **M**esurable ; le **A** comme **A**tteignable ; le **R** comme **R**éaliste ; le **T** comme **T**emporel. Un objectif SMART est un objectif : spécifique, mesurable, atteignable, réaliste et temporel. Ces critères sont intéressants, car ils vous donnent des indications pour fixer correctement votre objectif. Je me permets d'enrichir ces critères en vous proposant d'autres. Il est nécessaire que votre objectif soit précis, c'est-à-dire formulé en termes positifs (ce que je veux), spécifique et contextualisé. Par exemple : « Je veux être lauréat du baccalauréat cette année 2022. » Votre objectif doit également être réalisable mais pas trop ambitieux quand bien même il est recommandé d'avoir de grandes ambitions, c'est-à-dire qu'il doit dépendre de vous, et atteignable compte tenu des contraintes. Votre objectif doit être ambitieux et vous permettre de progresser et de développer de nouvelles compétences. Bien évidemment, chacun met son ambition où il le souhaite. Votre objectif doit aussi être écologique, dans le sens où si vous l'atteignez, ce sera « bon » pour vous, mais, en outre, pas « nuisible ou dommageable » pour autrui. Et si, en plus, c'est bon pour la planète, ne vous en privez pas. Enfin, votre objectif devra être mesurable, c'est-à-dire que vous aurez des indicateurs qui vous permettront d'évaluer son avancée et sa réalisation.

Déterminer son objectif demande de se poser les bonnes questions. Mais celles-ci doivent être confrontées à des critères qui vont renforcer l'efficacité du questionnement. Sébastien THOMAS, dans son ouvrage *Et si j'avais un mental de gagnant*, propose une démarche cohérente basée sur six questions qui permettent d'évaluer les critères de formulation d'un bon objectif. Servez-vous-en et vous ne serez pas déçu.

Déterminez votre objectif

C'est maintenant à vous de jouer. Fixez-vous un objectif que vous souhaitez réaliser. Et, pour cela, aidez-vous des six questions que nous avons vues, mais également des critères indispensables, pour affiner et rendre efficace votre questionnement.

1. Qu'est-ce que je veux ?

_____

2. Qu'est-ce que cela va m'apporter d'atteindre mon objectif ?

_____
_____

3. Quelles sont les personnes concernées par mon objectif ?

_____

4. Comment saurai-je que je suis sur la bonne voie ?

_____

5. Qu'est-ce qui pourrait m'empêcher d'atteindre mon objectif ?

_____

6. De quoi ai-je besoin pour atteindre mon objectif ?

_____
_____

Trouvez votre « élément »

Votre vie est unique dans l'Histoire. Votre élément est cette chose ou l'ensemble de ces choses qui font de vous l'unique, au regard des traits caractéristiques profondes et intrinsèques. Si vous avez plusieurs enfants, je parie qu'ils sont complètement différents les uns des autres. Comme l'a dit la danseuse Martha Graham : « Il y a une vitalité, une force de vie, une énergie, un élan qui se traduit en action à travers vous, et comme vous êtes unique, cette expression est elle aussi unique. » Vous êtes unique à deux titres. Le premier est d'ordre biologique. Votre vie est unique, mais elle a commencé à prendre forme longtemps avant votre naissance. Rappelez-vous que la probabilité de votre venue au monde était extrêmement faible. Ainsi, pensez au nombre d'êtres humains qui ont vécu jusque-là. La découverte de votre élément nécessite de comprendre les potentialités et les passions avec lesquelles vous êtes né(e), qui font partie de votre patrimoine biologique unique. La seconde raison pour laquelle vous êtes unique est d'ordre culturel.

Vous créez votre propre vie quelles que soient votre histoire et les circonstances dans lesquelles vous vous trouvez, vous ne devriez jamais vous sentir enfermé(e) par ce qui vous est arrivé auparavant. On dit qu'on ne peut rien changer au passé, mais qu'on peut influer sur l'avenir. C'est vrai, du fait même que vous êtes un être humain. À bien des égards, nous sommes comme les autres êtres vivants qui peuplent la Terre.

Nous sommes mortels et nous dépendons de la terre pour notre survie. Nous sommes organiques : nous grandissons et nous nous transformons comme toute matière vivante. Toutefois, nous nous distinguons par un aspect crucial. Selon moi, l'homme possède tout simplement d'immenses facultés innées pouvant lui permettre d'exceller dans maints domaines tels l'art, la science, la littérature etc...Et l'évolution actuelle du monde en témoigne. Mais le plus important reste à chacun de savoir dans quel domaine de la vie il peut se sentir capable aussi d'innover. Créez votre propre vie par la manière dont vous voyez le monde et la place que vous y tenez ; par les occasions que vous saisissez et celles que vous rejetez ; par les possibilités que vous envisagez et les choix que vous faites. En tant qu'être humain, vous avez de multiples choix. Comme dit le psychologue George Kelly : « personne n'est obligé d'être victime de sa propre biographie. »

Trouvez votre ikigaï

Tout commence par un cercle et des notes sur papier.

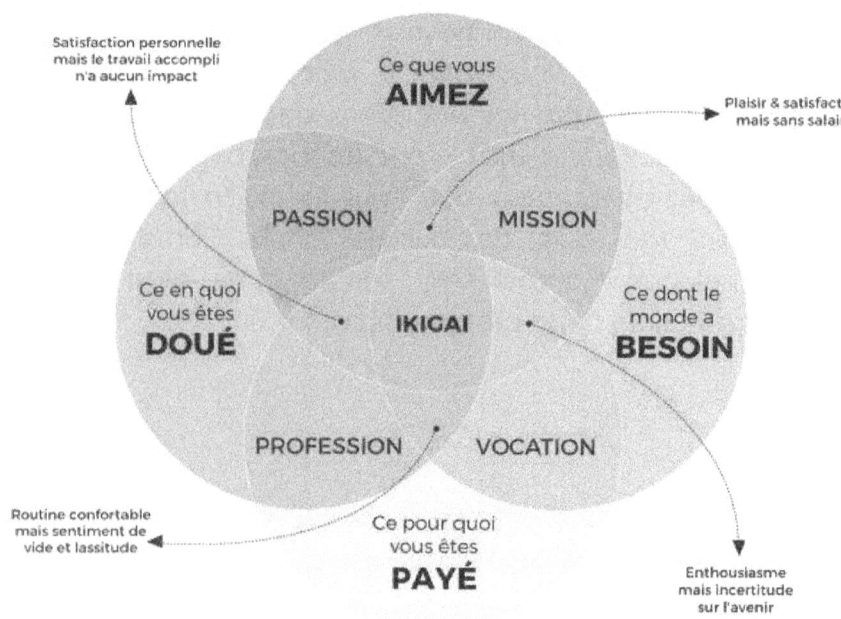

L'ikigaï est une méthode japonaise qui permet de déterminer sa raison d'être et par voie de conséquence, la joie de vivre. C'est devenu en Occident un outil parfait de la jonction entre aptitude, goût, sens, et nécessité et faire des émules auprès de celles et ceux qui veulent changer de vie professionnelle pour trouver plus de sens. Dans l'exercice d'introspection qui est la jonction entre quatre composantes entre ce que j'aime faire, ce dans quoi je suis doué, ce dont le monde a besoin, ce pour quoi je peux être payé, rémunéré, avoir un échange de valeur. C'est donc à l'intersection de ces quatre axes que se trouve votre ikigaï. Et celui-ci est complet quand chaque partie est correctement identifiée puis associée à un ou des projets complémentaires concrets. Par exemple, vous pouvez réaliser votre ikigaï grâce à du volontariat complété par un job alimentaire ou via différentes activités. Cet exercice n'est pas forcément une recette miracle, la reconversion professionnelle n'est pas une voie d'accès au bonheur encore moins un outil indispensable. Mais pour pouvoir s'en préoccuper, il faut donc être dans une situation privilégiée, et ce privilège doit être une responsabilité, une sorte de remise en question et d'actions concrètes. L'ikigaï est une méthode qui est plutôt efficace pour prendre du temps, du recul sur son quotidien et l'impact dans ses actions professionnelles et personnelles et sur lequel on consacre de l'argent et du temps pour remettre l'essentiel devant l'insignifiant. Il n'a pas un ikigaï à trouver mais plusieurs à construire pour trouver une destination vers laquelle lancer son énergie. Pour ce faire, il faut construire un ensemble de cercles imbriqués comme celui plus haut. Poser les idées sur papier pour faire une liste à la limite exhaustive de tout ce que vous aimez, ce que vous aimez faire, ce pour quoi vous pouvez être payé et enfin ce dont le monde a besoin. Au cours de cet exercice, ne vous autocensurez pas, mais plutôt écrivez sans arrêt tout ce qui vous vient à l'esprit sans tenir compte de leur caractère futile ou non. Cela peut se faire en plusieurs jours même avec l'aide des parents ou amis proches qui peuvent vous aider à identifier vos talents cachés. Après que vous sentirez avoir tout accouché sur papier, revenez, relisez, enrayez et même ajoutez au besoin pour avoir une liste plus complète possible de tous les éléments de chaque palier. Cet exercice peut être fait sur la base des questions telles que : qu'est-ce-que j'aime, qu'est-ce-que je sais faire, quelles sont les tâches pour lesquelles je peux être payé et enfin, est-ce-que le monde en a besoin. Une réponse à chacune des questions prises isolément doit être forcément en accord avec les trois autres sinon ça ne fonctionne pas. L'intersection entre ce que vous aimez et ce que vous savez faire est votre passion. Celle entre ce que vous savez faire et ce pour quoi vous pouvez être payé est votre profession, entre ce pour quoi vous pouvez être payé et ce dont le monde a besoin c'est votre vocation et enfin entre ce dont le monde a besoin et ce que vous aimez, c'est votre mission. C'est finalement l'intersection entre votre passion, votre profession, votre vocation et votre mission que se trouve votre ikigaï.

J'illustre ces propos par un exemple pour que nous soyons tous au même niveau d'information. Pour mon cas, comme déjà mentionné plus haut, je suis un enseignant ''accidentel'' devenu professionnel. J'avoue que je n'aime pas enseigner, du moins je préfère l'andragogie à la pédagogie, bien que je sache le faire. Je suis payé pour ça et c'est d'ailleurs ce métier d'enseignant qui nourrit l'homme que suis pendant que j'écris ce livre. On peut facilement déduire de mon cas que je ne suis pas un passionné du métier. Voilà un peu de quoi il est question. Prenons l'exemple d'un individu à un âge un peu avancé (la quarantaine), non professionnel qui dit avoir comme ikigaï le football. Faisons le point pour voir ce qu'il en est. Il aime jouer au football et il sait le faire. Il en a la passion. Primo. Au second point d'intersection, il est déjà fauché vu qu'à son âge, il ne peut plus devenir professionnel du cuir rond. En conséquence, son art ne peut plus le nourrir, il ne peut plus en être payé après ses prestations sur un rectangle vert ! Bien que le monde en ait besoin, c'est d'ailleurs le sport le plus suivi du monde, le football ne peut pas être l'ikigaï de cet individu. Il lui faut aller chercher ailleurs. Peut-être se faire former au métier du coaching pour enfin entrainer les plus jeunes. C'est aussi simple que ça, prenez votre stylo, de quoi écrire et déterminez votre ikigaï sauf si vous vous sentez déjà suffisamment à l'aise dans ce que vous faites.

Le concept du hérisson pour la réalisation de soi

Le hérisson est un perit mammifère au corps recouvert de piquants, qui se nourrit essentiellement d'insectes. Le renard est aussi un mammifère. Il est carnivore voisin du chien. Il a la tête triangulaire et effilée, à la queue touffue et au pelage roux.

Le renard et le hérisson

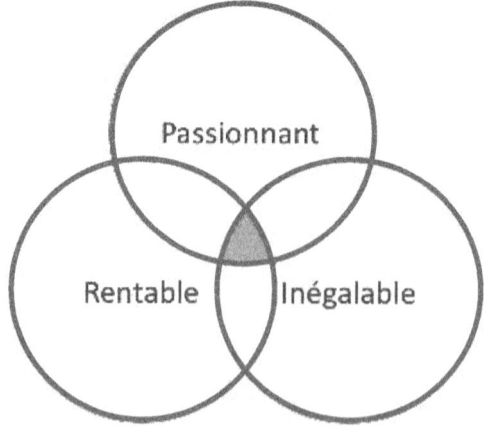

Ce concept a été mis en œuvre par le célèbre enseignant auteur Jim Collins qui s'est inspiré de la parabole grecque remplie de sagesse qui compare deux animaux : le renard et le hérisson. Le renard a la caractéristique d'être extrêmement rusé. Avec cette ruse, il a une façon de vivre sa vie au quotidien pour s'alimenter. Il parvient, à la hauteur de sa ruse à inventer, réinventer échafauder maintes façons de s'offrir en repas tous les petits animaux de la forêt, il est carnivore, rappelons-le. Mais à ses dépens, il tombe toujours sur une proie et toutes ses ruses sont soldées par des échecs cuisants : c'est le hérisson. Il a l'art d'être nul en tout, mais également l'art d'être super excellent en sa stratégie de défense qui lui permet de toujours sortir gagnant de ses batailles avec le renard. La seule chose que le hérisson sait faire super bien, c'est de pouvoir se mettre en boule, déployer ses piquants pour se défendre de l'attaque du renard. Il ne sait pas se battre, ni courir ni autre chose mais le seul où il s'y connait, il le fait à la perfection. Peu importe d'où vient le renard pour le surprendre, il ne manque jamais d'user de sa compétence pour se protéger et se libérer des griffes de celui-ci.

Cette capacité du hérisson à se déployer pour se sauver du danger auquel l'expose le rusé renard, je vais faire une analogie ou le lien entre ce qui doit guider la réflexion permanente des porteurs de projet, des créateurs d'entreprises.

1-Envisagez ce qui vous passionne avant tout. C'est-à-dire trouver le sujet ou l'idée du projet capable de vous faire sauter de votre lit très tôt le matin. Travailler dans un tel domaine, vous n'aurez jamais l'impression d'accomplir une tâche. Ce qui vous passionne appelle la loi du moindre effort élaborée par Deepak Chopra dans *les sept lois spirituelles du succès*. Ça éloigne de vous l'anxiété, la paresse, la désinvolture et vous permet de sauter du lit le matin. Avec la passion, la responsabilité, l'enthousiasme, moteur de motivation ne se négocie pas. L'inspiration pour dénicher les meilleures stratégies de rentabilité est à son comble. Le vrai point de départ, c'est d'adorer ce que vous faites et de communiquer cette même énergie aux membres de votre équipe en tant que chef d'entreprise ou de projet. Vous pouvez utiliser le modèle Creately pour collaborer à la compréhension de votre concept de hérisson avec vos collaborateurs si vous êtes chef d'entreprise.

2- Ce qui vous passionne doit être rentable. La rentabilité est le moteur économique ou la génération de flux continue de revenus. Il ne sert à rien, en tant que leader, de faire une chose à la perfection qui ne soit pas rentable. Je partage le point de vue de Martin qui dit : « moi j'aime bien les modèles qui peuvent vite générer du cash et d'éviter de toujours lever des fonds pour financer le projet ». Ça vous permettra d'éviter le mythe de Sisyphe, c'est-à-dire l'éternel recommencement parce que ça ne marche pas.

3-Arrivez à vous retrouver dans une position dans laquelle vous êtes inégalable. Collins dit que vous devez tout faire pour être le meilleur des meilleurs du monde. Ce qui compte, c'est d'être inégalable dans votre petit monde, donner le meilleur service ou produit qui défie toute concurrence. Le modèle FFOM (Forces, Faiblesses, Opportunités, Menaces) comme outil peut être utilisé pour identifier les forces et les maximiser, vos faiblesses et les minimiser, les opportunités pour faire face aux menaces.

In fine, toute idée de projet qui vous passionne et est rentable sans être inégalable (vous excellez ou êtes meilleur dans le domaine) vous êtes sûr de nager dans *l'océan rouge*, la rude concurrence. De toutes les façons, l'intersection de deux des trois qualités ne fera pas de vous le leader incontesté que vous souhaitez. Mais à la croisée des trois se trouve la matrice qui représente votre point du hérisson. Faites respecter ces trois critères à vos idées d'entreprises pour ne pas vous mettre à l'abri de la rude concurrence mais de nager seul dans votre océan bleu.

À la suite des trois éléments du concept du hérisson caricaturés par Nolf Nicolas, je partage avec vous ces trois autres que je baptise « les trois fantastiques » : Zone d'excellence, besoin et moteur économique. Autrement dit, Lorsque vous développez une idée d'entreprise au centre de votre savoir-faire, que vous résolvez un besoin exprimé par une population assez large qui est prête à vous payer pour le service rendu, vous avez trouvé les clés pour décoder l'énigme de la richesse. Innovez pour rester ultra compétitif et investissez pour dégager de nouvelles marges. Innover n'est pas de faire forcément quelque chose de nouveau mais aussi de mieux faire ce qui se fait déjà, d'y apporter une touche qui n'y a jamais exister.

Le biomimétisme

Bien que le concept du hérisson soit aussi du biomimétisme, je me suis juste réservé de ne pas en parler ici à cause du fait que ça rejoint le concept d'ikigaï à la perfection. Ici je parlerai des principes du leadership de l'aigle et l'attitude du lion.

Les cinq principes du leadership chez l'aigle et analogies

L'aigle royal dans les airs

Les moineaux

Les aigles sont de grands oiseaux rapaces qui inspirent la puissance, la rapidité, l'endurance, l'habilité. Voici donc cinq principes du leadership que nous pouvons apprendre d'eux.

1er principe : Les aigles volent entre eux et à une altitude très élevée. Un aigle ne vole pas à basse altitude avec les moineaux, ni avec les corbeaux ni avec n'importe quels petits oiseaux. Un aigle ne vole qu'avec un aigle. Autrement dit, un leader n'a rien à faire avec des gens qui ont une petite mentalité, des gens dépourvus de vision, des gens qui n'ont pas de rêve, un leader ne s'associe qu'à un leader. Les personnes que vous fréquentez déterminent votre devenir. Si vous êtes compagnon de cinq pauvres, le sixième c'est vous et si vous l'êtes avec cinq riches, le sixième c'est vous. Alors, tâchez de bien choisir celui ou ceux que vous fréquentez. Il(s) doit(vent) être capable vous hissez au haut sommet de la pyramide des êtres.

2ème principe : Les aigles ont une vision, un but, un objectif à atteindre. Ils ne vivent pas sous le coup du hasard. Le « si j'ai la chance » n'est pas dans leur langage quotidien. Ils sont capables d'apercevoir une proie sur des dizaines de kilomètres. Quand un aigle veut attraper sa proie, il reste focus quel que soient les obstacles, les barrières, il ne se détourne pas de son objectif. Il peut patienter pendant des heures pour attraper sa proie mais en aucun cas il ne s'y détourne. En tant que leader, vous devez avoir une vision, des buts, des rêves, pour lesquels vous devez travailler et rester concentré malgré les obstacles, difficultés et les challenges qui se dressent sur votre chemin. Vous devez savoir voir les opportunités là où les autres voient une impasse. Vous devez rester focus, patient et n'abandonnez pas jusqu'à ce que votre objectif soit atteint.

3ème principe : Les aigles n'ont pas peur d'affronter le danger. Ils n'ont pas peur de la tempête, ne sont pas effrayés par la férocité ou la taille de leur proie, ils foncent. Peu importe la taille ou la grandeur de vos problèmes, ne les fuyez pas, faites-y face. Les personnes qui réussissent ne craignent pas le danger parce qu'elles sont convaincues qu'elles triompheront. Ce qui ne vous tue pas vous rend plus fort Utilisez les tempêtes de la vie pour atteindre les sommets, ne restez pas dans votre zone de confort, cassez les barrières, sortez pour acquérir plus de compétences.

4ème principe : Les aigles ne se nourrissent pas de viandes mortes mais plutôt de viandes fraîchement obtenues par capture. Ce qui signifie qu'un leader ne vit pas dans le passé, il doit avoir un regard fixé vers l'avenir.

5ème principe : Les aigles savent prendre du recul quand il le faut. Quand un aigle vieillit, ses ailes s'affaiblissent l'empêchant d'être plus rapide pour atteindre les hauteurs. Pour survivre, il doit se retirer loin dans les montagnes, arracher ses faibles plumes, briser son bec et ses griffes contre les roches pour qu'apparaissent un nouveau bec, de nouvelles plumes et de nouvelles ailes. La leçon est qu'il arrive à un leader à un moment ou à un autre de prendre du recul pour abandonner ses mauvaises habitudes. Peu importe la douleur ou la souffrance, cette étape est nécessaire pour renaitre de nouveau.

Soyez un « lion » et non un « mouton »

L'attitude du lion

Le lion, roi de la jungle

Le lion, à cause de son courage, son leadership, sa bravoure, sa capacité à faire même des animaux les plus géants sa proie, est appelé le roi de la jungle. A contrario, le troupeau de moutons suit le berger, ils ne savent pas où ils vont, la plupart du temps. Ils sont conduits à l'abattoir. Les moutons suivent le berger sans pour autant choisir leur propre trajectoire. Ils n'utilisent pas leur esprit. Un lion dirige, décide avec courage de se lever et de se battre pour sa vie et sa survie. Soyez un lion et faites comme lui au lieu de faire comme les moutons. Prenez la décision courageuse comme le lion, d'aller dans votre propre direction. C'est ça l'attitude d'un bon leader. Il n'y a que vous qui savez ce qui est meilleur pour vous, personne d'autre ne peut le savoir à votre place. Faites valoir le cœur du lion en vous, laissez- le s'exprimer, laissez-le rugir. L'attitude, c'est ce à quoi vous pensez, ce que vous faites et ce que vous ressentez à propos de vous-même, c'est tout dans la vie. Votre attitude déterminera votre altitude. Ce n'est en aucun cas la chance qui vous mènera au sommet des êtres mais plutôt votre attitude à vous relever lorsque vous tombez. La vraie question est quelle est votre attitude envers la vie à l'instant même où vous lisez ces mots. L'attitude qui consiste à prendre en charge votre destin doit être vôtre. Le lion dit je veux, je peux. Ce doit être vôtre aussi si vous souhaitez de la grandeur. Les lions ne sont pas des adeptes, ce sont des leaders qui mènent le reste des animaux. Devenez un lion. C'est du moins ce que Dieu veut de vous. Les vrais lions démontrent qui ils sont, un lion ne cherche pas le respect, il commande le respect et l'autorité parce qu'il sait qu'il doit être respecté. Ne vous conformez pas aux dictats extérieurs, démarquez-vous-même si personne ne croit en vous. Les grands leaders l'ont fait. Vous les pouvez aussi. Ne perdez pas votre autorité, saisissez votre opportunité et avancer comme un lion. Le lion est certain qu'il doit diriger et il le fait, il ne se laisse pas berner. Si vous croyez en vous, vous créerez la génération des lions. Le monde extérieur ne peut jamais changer si le monde intérieur demeure le même. Soyez un lion et non un mouton. C'est ça la vérité.

J'ai la ferme conviction de vous avoir rappelé jusqu'ici, qui vous êtes et tout ce que vous êtes appelé à redevenir si vous vous sentez dans une situation d'inconfort. De la pollution de votre esprit, depuis même la conception pour certains, au leadership en passant par la reprogrammation mentale et le pouvoir révélé de votre plus grand actif, voici pour vous quelques puissants combattants qui vous aideront à mener à bien votre marche vers la terre promise. Et vous en êtes déjà si vous croyez en vous et au plan divin pour vous. « Qu'il te soit fait selon ta foi », nous enseigne la Bible.

Mais avant de continuer, je vous suggère, de tenir compte des différents outils donnés pour reprofiler votre rêve, vos buts et vos objectifs afin qu'ils soient les plus clairs possibles et tenant compte des moyens que vous pouvez mobiliser pour ce voyage vers la terre promise.

Le courage

Je pouvais ne plus revenir là-dessus puisque par l'étude biomimétique du lion et de l'aigle, on l'a découvert. C'est une ressource qui nous manque lamentablement et nous n'arrivons jamais à nous décider puis, nous capotons au premier écueil. Il vaut mieux vivre avec le courage d'essayer que la peur d'échouer. Celui qui n'est jamais assez courageux pour prendre des risques dans sa vie n'accomplira rien dans sa vie. Le succès appartient à ceux qui sont préparés au succès, qui osent et paient le prix. Votre réussite est proportionnelle au temps que vous passez dans votre zone de confort. Changez pour que change votre vie. À cet effet, Fabio Volo a dit : « Pendant longtemps j'ai attendu que ma vie change, mais maintenant, c'était elle qui attendait que je change ». Il y a un an seulement je suis allé parler du marketing à paliers multiples à un collègue qui me dit : « mon frère, moi je ne suis pas dedans, mon salaire je n'irai pas le donner aux vendeurs d'illusions, tente et si ça marche, je verrai ». Aujourd'hui avec ma réussite dans ce business, son langage a changé. Souvent, il n'hésite pas à me demander de petits prêts. Je lui en donne, sans oublier de lui mentionner que c'est grâce à ce que je gagne dans le business qu'il a rejeté que je vole à son secours (pour le taquiner et aussi aiguiser son sens de décision). Malgré tout ça, il n'a pas pu briser la glace de la peur pour s'inscrire. Autrefois on disait « qui ne risque rien n'a rien », mais hélas, cet adage est dépassé. Celui qui ne risque rien risque gros aujourd'hui. Et ce risque, c'est la pauvreté. Le lâche ne commence jamais, le faible ne termine jamais et le gagnant n'abandonne jamais. Donnez vie à toutes les belles intentions de votre esprit. Quittez la plage et libérez-vous d'une sécurité illusoire d'eau profonde. N'attendez pas l'allumage du feu vert de l'autoroute avant de démarrer de chez-vous. Prenez des risques calculés, vous ne perdrez rien. Même en cas d'échec vous acquerrez d'expériences. Le degré du courage détermine le niveau de satisfaction que vous connaitrez. Il permet réellement d'accomplir toutes les merveilles qui constituent votre odyssée personnelle. Vous ne devez pas avoir peur de l'inconnu, c'est-à-dire tout ce qui est tapis dans l'ombre de votre peur ou votre doute, et que vous pensez qui peut vous faire échouer. Toute notre crainte se résume à la peur de perdre ce que nous possédons, qu'il s'agisse de nos acquis, notre culture et même notre vie.

Notre histoire et celle du monde ont été écrites par la même Main : Celle du maître des Temps et des Circonstances. « Le *courage* est la vertu majeure pour qui cherche le langage du monde », nous apprend l'alchimiste Paolo Coelho. Robert Schuller, quant à lui dit : « le démarrage correspond à la moitié du chemin ». Georges Patton renchérit en disant : « le bon plan mis violemment à exécution aujourd'hui même vaut mieux que le plan parfait la semaine prochaine ». Débarrassez-vous d'une paralysie analytique et sortez de l'étape de planification. Brûlez et consumez la peur qui vous retient prisonnier de la gravitation.

Le skieur éclair

Ce titre est évocateur pour qui a déjà vu un skieur patiner une fois. Il est le symbole vivant de quelqu'un qui démarre une entreprise et qui, à mesure qu'il évolue, sa vitesse augmente pour avoisiner celle d'une flèche propulsée dans le vide. Quels que soient vos moyens, il vous convient de prendre votre élan. L'élan est l'ingrédient secret qui sert à augmenter l'autodiscipline. En chemin, les petites réussites ou victoires vous poussent à faire des choses plus importantes sur la voie de votre idéal. Quand j'ai commencé le marketing de réseau, j'avais du mal à convaincre mes prospects. Mais à force d'insister, j'ai réalisé des prouesses avec une vigueur et une énergie insoupçonnée au point que ma grande marraine qui ne me connaissait même pas m'a joint pour me féliciter. Ce qui a renforcé le pouvoir de ma volonté à faire feu et me tailler une place au sommet. Même si vous pensez ne pas être prêt, commencez, lancez-vous et apprenez dans le domaine de votre choix au fur et à mesure. Il n'y à que celui qui joue qui gagne le trophée.

La concentration

La concentration, c'est cette capacité à mobiliser toutes ses facultés mentales et physiques sur un sujet ou sur une action. Or le cerveau humain, sujet à de sollicitations permanentes, ne peut en traiter qu'une seule à la fois de façon optimale. De cette tentative de définition, il en ressort que pour une efficacité optimale, il faut se focaliser à faire une et une chose à la fois. Ne dit-on pas que qui trop embrasse mal étreint ? Et cette chose sur laquelle il faut déployer toute son énergie au même moment doit être la priorité des priorités qui conduit à l'atteinte de ses objectifs, le véhicule vers le but. On ne peut pas atteindre le sommet de deux montagnes à la fois. L'histoire d'un voyageur à l'aéroport qui a manqué de concentration sur sa priorité qu'est d'attendre le vol et rien que ça en ce moment, illustre le fait.

John Jones était à New York. Il voulait se rendre à Boston. Il acheta donc un billet à l'aéroport. Ayant quelques minutes de temps libre, il s'approcha d'un pèse-personne, monta dessus, inséra une pièce de monnaie et lut : « Votre nom est John Jones, vous pesez 85kg et vous allez prendre le vol de 14h20 pour Boston ». La précision du renseignement l'étonna. « un truc », songea-t-il. Il remonta sur le pèse-personne, inséra une autre pièce de monnaie et lut : « Votre nom est toujours John Jones, vous pesez toujours 85kg et vous allez prendre le vol de 14h20 pour Boston ». Le voilà plus intrigué que jamais. Pressentant une attrape, il décida de déjouer l'individu ou la chose responsable. Il se rendit à la toilette des hommes et y changea des vêtements. Une fois de plus, il remonte sur le pèse-personne, inséra sa pièce et obtint le message suivant : « Votre nom est toujours John Jones, vous pesez toujours 85kg, mais vous avez manqué le vol de 14h20 pour Boston ». Pour son manque de concentration, John Jones s'est laissé impressionné par une intelligence artificielle et a raté son vol. De la même manière, ne laissez pas les personnes négatives et *"toxiques"* louer de l'espace dans votre tête, multipliez à l'exponentielle le loyer, foutez-les à la porte de votre mental pour ne laisser de places qu'aux vecteurs conducteurs de vos objectifs.

Une autre expérience physique avec une loupe, les rayons et un bout de papier permet de mettre en évidence la magie de la concentration. Prenez la plus chaude journée que le monde n'ait jamais connue, la plus puissante loupe que vous puissiez trouver et une boîte de coupure de journaux. Tenez la loupe au-dessus des coupures de journaux. En déplaçant hasardeusement la loupe au-dessus du papier journal, même en multipliant la puissance du soleil au moyen de la loupe, le papier journal ne recevra qu'une lueur de chaleur. Mais si vous positionnez la loupe de manière à faire correspondre le foyer image de la loupe à la position du papier, vous utilisez la puissance du soleil en la multipliant par la lentille et vous allumez un incendie. Autrement dit, tous les rayons lumineux venant sur la loupe convergent en ce seul point qui est son foyer image pour faire feu. Peu importe la chaleur, la puissance, le talent ou l'énergie que vous possédez, si vous ne les prenez pas en charge, si vous ne les dirigez pas strictement vers le but, vous n'exploiterez jamais pleinement votre capacité. La concentration sur les différentes actions, petites soient-elles, renforcent votre autodiscipline et vous donnent les réserves mentales nécessaires pour vous préserver quand la vie vous fera de petits croche-pieds.

Le chronomètre

Le chronomètre est l'un des instruments de mesure du temps. L'atteinte des objectifs est intrinsèquement liée à la gestion du précieux sésame qu'est le temps. Il est non renouvelable et s'épuise contrairement à ce que pense la logique populaire. « On a tout le temps » n'est pas une expression convenable pour ce qui mérite d'être fait maintenant. J'adore bien l'expression « *Hic et Nunc* » de Epiphane SENOU. Le temps en lui-même est illusion. Il est composé du passé, du présent et du futur. Mais la vérité est que le passé et le futur n'existent pas. Le passé est mort et plus jamais ne peut être ressuscité, le futur n'est pas né. Il n'y a que le présent qui est. L'adage « qui remet à demain trouvera malheur en chemin », loin d'être une mauvaise langue, est une pure et simple vérité car rien ne peut s'accomplir dans le futur. Si ce futur arrivait à se réaliser, il le serait dans le présent. Le passé se dissout dans le présent où le futur prend corps. Le passé est une histoire, le présent est un don et le futur est un mystère. À ce titre, l'usage du moment présent est ce qui distingue les êtres qui mènent une vie exceptionnelle de ceux qui vivent une vie de désespoir.

Une journée n'a jamais comporté plus de 24h et c'est ce dont nous disposons tous. Il convient de bien planifier le temps pour ne faire plus que des choses les plus importantes qui nous conduisent vers nos objectifs. Stephen R. Covey, distingue quatre catégories de tâches en fonction de leurs importances et leurs urgences. Les gens édifiés sont menés par des priorités. Il distingue les tâches *importantes et urgentes* comme les crises, les problèmes pressants ; les tâches *importantes et non urgentes* comme une prévention, une planification ; les tâches *non importantes et urgentes* comme décrocher un téléphone et enfin les tâches *non importantes et non urgentes* comme regarder sur Facebook. Il est aisé de constater aujourd'hui que des jeunes même au volant sont connectés et n'hésitent pas à jeter un coup d'œil sur les réseaux sociaux alors que c'est la dernière des priorités. Dans les bureaux aujourd'hui, même des cadres s'adonnent à ce jeu. C'est tout simplement lamentable. Le plus important ne peut jamais être sacrifié et mis à la merci de celles qui importent le moins. Un but clairement défini, des tâches bien planifiées permettent d'éviter la procrastination. Bien gérer son temps, c'est séparer la viande de la graisse.

Savourez le présent

Pour illustrer ce principe, Robin Sharma, dans sa fable *le moine qui vendit sa Ferrari* nous inspire avec le concept dit du *"lit de la mort"*, une philosophie qui enseigne une nouvelle façon de percevoir la vie, un paradigme qui donne plus de puissance. Un concept qui permet de se rappeler qu'aujourd'hui, nous vivons peut-être le dernier jour de notre existence, et qu'il faut le savourer.
Le conte de fée intitulé "Pierre et le fil magique" nous en dit davantage sur les conséquences du refus de vivre le moment présent comme chose la plus précieuse.

Pierre et le fil magique

Pierre était un petit garçon très enjoué. Tout le monde (sa famille, ses professeurs et ses amis) l'aimait, mais il avait une faiblesse. Pierre ne pouvait jamais vivre dans le présent. Il n'avait pas appris à apprécier le processus de la vie. Lorsqu'il était à l'école, il rêvait qu'il jouait dehors. Lorsqu'il était dehors en train de jouer, il rêvait à ses vacances d'été. Pierre rêvait constamment, les yeux grands ouverts, et ne prenait jamais le temps de savourer les moments spéciaux qui remplissaient ses journées. Un matin, il se promenait dans une forêt près de sa maison. Se sentant fatigué, il décida de se reposer sur le gazon et finit par s'endormir. Après quelques minutes de sommeil profond, il entendit quelqu'un qui l'appelait : "Pierre ! Pierre ! ", d'une voix aigüe Il ouvrit lentement les yeux et fut surpris de voir une femme assez extraordinaire qui le regardait. Elle devait avoir plus de cent ans et ses cheveux blancs comme neige pendaient bien plus bas que ses épaules, comme une couverture de laine emmêlée. Dans la main ridée de cette femme, se trouvait une petite balle magique avec un trou au centre, et hors du trou pendait un long fil doré. "Pierre", dit-elle, "ceci est le fil de ta vie. Si tu tires le fil un petit peu, une heure passera en quelques secondes. Si tu tires un peu plus fort, des journées entières passeront en quelques minutes. Et si tu tires de toutes tes forces, des mois, et même des années, passeront en quelques jours." Pierre fut très excité par cette découverte. "Est-ce que je pourrais l'avoir ? ", demanda-t-il. La vieille femme tendit rapidement la balle avec le fil magique au jeune garçon. Le lendemain : Pierre était assis en classe. Il était agité et s'ennuyait. Soudain, il se rappela son nouveau jouet. Comme il tirait un peu sur le fil d'or, il se retrouva rapidement chez lui en train de jouer dans son jardin. Lorsqu'il se rendit compte du pouvoir du fil magique, il fut bientôt fatigué d'être un élève et eut envie d'être un adolescent, en pensant que cette étape de sa vie serait beaucoup plus amusante. Alors il prit la balle et tira assez fort sur le fil doré. Soudain, il devint un adolescent accompagné d'une très jolie jeune fille appelée Elise. Mais Pierre n'était toujours pas content. Il n'avait jamais appris à savourer le moment et à explorer les simples merveilles de chaque étape de sa vie. Au lieu de cela, il souhaita être un adulte. Encore une fois, il tira sur le fil et plusieurs années passèrent en un instant. Il s'aperçut alors qu'il avait été transformé en un adulte d'un certain âge. Elise était maintenant sa femme et Pierre était entouré de plusieurs enfants. Mais il avait aussi remarqué quelque chose d'autre. Sa chevelure, jadis d'un noir de jais, commençait à devenir grise. Et sa mère qu'il aimait tendrement n'était plus la jeune femme qu'il connaissait, mais une vieille femme fragile. Pourtant, Pierre ne pouvait toujours pas vivre dans le présent. Il n'avait jamais appris à vivre dans 1'"ici-maintenant". Donc, une fois de plus, il tira sur le fil magique et attendit que les changements apparaissent. « Pierre s'aperçut qu'il était maintenant un homme de quatre-vingt-dix ans. Son épaisse chevelure noire était maintenant aussi blanche que la neige, sa belle jeune femme Elise avait vieilli aussi et elle était morte quelques années auparavant. Ses merveilleux enfants avaient grandi et avaient quitté la maison pour mener leur vie. Pour la première fois de toute sa vie, Pierre se rendit compte qu'il n'avait jamais pris le temps d'apprécier les merveilles de la vie. Il n'était jamais allé à la pêche avec ses enfants. Il n'était jamais allé se promener au clair de lune avec Élise. Il n'avait jamais planté des fleurs dans un jardin ou lu ces livres merveilleux que sa mère aimait à lire. Au lieu de cela, il s'était précipité dans la vie, sans jamais prendre le temps de l'apprécier. Cette découverte attrista beaucoup Pierre. Il décida d'aller dans la forêt où il avait l'habitude de se promener lorsqu'il était enfant pour s'éclaircir les idées et se réchauffer le cœur. Comme il pénétrait dans la forêt, il remarqua que les petits arbrisseaux de son enfance étaient devenus de grands chênes puissants. La forêt elle-même était devenue un paradis de la nature. Il s'étendit sur le gazon et s'endormit profondément. Après quelques minutes, il entendit quelqu'un qui l'appelait "Pierre ! Pierre ! ", d'une voix aigüe. Il ouvrit les yeux, étonné de voir que c'était la vieille femme qui lui avait donné la balle avec le fil magique il y a des années. « Est-ce que tu as aimé mon cadeau spécial » ? demanda-telle. Pierre lui répondit franchement. « Au début, c'était amusant, mais maintenant je le déteste. Toute ma vie est passée devant mes yeux sans me donner l'occasion de l'apprécier. Bien sûr, il y aurait eu des moments de tristesse et des moments de joie, mais je n'ai pas eu l'occasion d'y goûter. Je me sens vide à l'intérieur. Je n'ai pas eu l'occasion de vivre ». « Tu es très ingrat », dit la vieille femme, avant d'ajouter : « Pourtant, je vais t'accorder un dernier souhait ».

Pierre réfléchit un instant, puis répondit rapidement. « J'aimerais revenir au temps où j'étais un jeune écolier et revivre ma vie ». Et il se rendormit. Il entendit à nouveau quelqu'un qui l'appelait et ouvrit les yeux. « Qui cela peut-il être cette fois-ci », se demanda-t-il. Lorsqu'il ouvrit les yeux, il fut absolument enchanté de voir que sa mère était près de son lit. Elle avait l'air jeune, en bonne santé, et elle était rayonnante. Il s'aperçut que l'étrange femme de la forêt avait exaucé son vœu et qu'il était retourné à sa vie antérieure. « Dépêche-toi, Pierre. Tu dors trop. Tes rêves te mettront en retard à l'école si tu ne te lèves pas immédiatement », lui dit sa mère d'un ton grondeur. Inutile de dire que Pierre se précipita hors du lit ce matin-là et commença à vivre la vie qu'il avait souhaitée. Pierre mena une vie pleine et riche de nombreux moments de délices, de joies et de triomphes, mais tout avait commencé lorsqu'il cessa de sacrifier le présent pour l'avenir et se mit à vivre dans l'ici maintenant.

Malheureusement, l'histoire de Pierre et le fil magique n'est que cela, une histoire, un conte de fée. Nous, ici dans le vrai monde, nous n'aurons jamais une deuxième occasion de mener notre vie différemment. Aujourd'hui est notre seule chance de nous éveiller et d'apprécier le cadeau de la vie avant qu'il ne soit trop tard. Le temps nous glisse vraiment entre les doigts comme de minuscules grains de sable. Que cette nouvelle journée soit un nouveau départ de votre vie, celui où vous prendrez la décision une fois pour toutes de vous concentrer sur ce qui est vraiment important pour vous. Prenez la décision de passer plus de temps avec ceux qui donnent un sens à votre vie, vénérez les moments spéciaux, savourez leur pouvoir. Faites les choses que vous avez toujours eu envie de faire. Cessez de remettre à plus tard le moment d'être heureux. Au lieu de cela, pourquoi ne pas savourer le processus ?

La persistance

Passons maintenant à un concept tout aussi puissant, celui de la persistance... La vie de Charlie Boswell démontre jusqu'où peut vous mener la persistance. C'est un homme d'affaires de Birmingham, dans l'Alabama, qui cumule les fonctions de vendeur, écrivain et golfeur. Il a remporté de nombreux trophées de golf nationaux et internationaux. Mais ce qui fait sa différence c'est qu'il est aveugle. Il a perdu la vue dans l'explosion de son tank pendant la Seconde Guerre mondiale. Depuis ce tragique accident, Boswell s'est lancé dans le commerce, le golf et l'écriture. Croyez-vous que Charlie Boswell soit un homme persistant ? En êtes-vous convaincu ? Si vous deviez faire une comparaison entre une carrière dans l'entreprise ou le commerce et une carrière dans les arts du spectacle, vous découvririez que tous les acteurs et toutes les actrices rêvent de devenir une star et que tous les entrepreneurs et tous les vendeurs ont un rêve. Mais en tant qu'entrepreneur ou vendeur vous avez un bien plus grand contrôle sur votre destin. Il n'y pas de metteur en scène ou d'agent de casting pour mettre son pied sur le frein de votre progrès. Vous seul décidez d'arrêter ou de continuer lorsque des problèmes inévitables se dressent sur la route de votre réussite. Tous les secteurs d'industrie ont des entrepreneurs, des vendeurs, des gens qui parlent et des gens qui forment les autres. Ce qu'il y a de beau dans ce secteur, c'est que c'est vous qui décidez. Quel que soit ce que vous puissiez concevoir ou croire, vous l'obtiendrez par la persistance, la résilience. Que ce soit dans votre entreprise ou en dehors de son contexte, décidez maintenant de faire partie de ceux par qui la réussite arrive. Décidez de faire partie du groupe qui réalise assez de profits et réussit. Comprenez bien que pour vous joindre à ce groupe restreint, vous devez commencer par faire vos exercices sur la persistance dès maintenant. Faites de la persistance votre muscle mental le mieux développé. La persistance ne peut être remplacée par aucune autre qualité. Elle ne pourra pas être substituée par des aptitudes supérieures. Elle ne pourra pas être compensée ou substituée par de bonnes études. Non plus par votre plan de carrière ou par votre charisme. Quand vous êtes persistant, vous devenez un leader dans votre carrière et votre industrie. Calvin Coolidge a écrit sur la persistance : « rien au monde ne peut remplacer la persistance. Le talent ne la remplacera pas. Il n'y a rien de plus ordinaire que des gens de talent qui n'ont pas réussi. Le génie ne la remplacera pas. Le génie non reconnu est quasiment un proverbe. L'éducation ne la remplacera pas. Le monde est rempli de paumés bardés de diplômes. Seules la persistance et la détermination sont omnipotentes. » Le slogan « persévérez » a résolu et résoudra les problèmes de la race humaine. Les gens qui n'ont jamais escaladé une montagne et qui se contentent de vadrouiller dans les collines la plupart de leur vie, se sont menti inconsciemment et ont menti à tous ceux qui voulaient bien les écouter. Ils racontent qu'ils sont satisfaits de leurs résultats. Ils disent qu'ils n'ont pas envie d'escalader une montagne et qu'ils sont contents de la vie qu'ils mènent. Il y a de fortes chances pour que, secrètement, ils aient commencé à escalader la montagne il y a des années et qu'ils aient eu peur. Ils se sont heurtés à la barrière de la terreur et ils ont vite reculé dans leur zone de confort. Depuis, ils se cachent derrière leur faux raisonnement. Ils justifient souvent leur médiocre performance par des réflexions du genre : « pourquoi est-ce que je me donnerais à fond ? ». Ces gens inefficaces sont de pauvres perdants, au mieux ils se leurrent. Si vous n'êtes pas capable de réveiller ces gens, alors, JE VOUS EN PRIE, ne les laissez pas vous entraîner dans leur piège. Vous ne voulez pas attraper leur maladie. En fait, quand vous êtes en contact avec eux, utilisez-les comme déclencheurs pour renouveler la promesse que vous vous êtes faite de devenir plus persistant. Le dictionnaire Webster définit ainsi la persistance : « continuer, surtout en dépit de l'opposition ou de la difficulté ». Simple et juste ! L'un des discours les plus puissants que le monde n'ait jamais entendu fut celui de Winston Churchill pendant la Seconde Guerre mondiale. La formule tient en trois mots : Ne renoncez jamais ! Ne renoncez jamais ! Ne renoncez jamais ! Et Churchill savait ce que cela signifiait concrètement. Toute une nation comptait sur lui. Jusqu'à présent, nous avons parlé de la nature de la persistance, de la réussite de ceux qui la pratiquent et de sa nécessité, mais il manque quelque chose à ce message, comment faire ? Comment devient-on persistant ? Bonne question ! La persistance ne se développe jamais par accident. Vous n'êtes pas né avec et vous ne pouvez pas en hériter. Personne au monde ne peut développer cette vertu pour vous. La persistance est entrelacée avec la réussite comme le poussin avec l'œuf. Je parle ici de vraie réussite. En fin de compte, la persistance devient une manière de vivre, mais ce n'est pas comme ça qu'elle commence. Pour développer la force mentale appelée persistance, vous devez vraiment vouloir quelque chose. Vous devez tellement vouloir ce quelque chose que cela devient un désir ardent, une passion qui vous prend aux tripes. Vous devez tomber amoureux de votre désir, (ou comme nous préférons : « vous lever amoureux »). Vous devez vous aimanter avec chaque détail de votre désir. Alors la persistance deviendra automatique. L'idée même de ne pas persister vous semblera une aberration et quiconque tentera de vous éloigner de votre rêve, de vous arrêter ou de vous ralentir aura de sérieux ennuis. Des difficultés, des obstacles apparaîtront sous une forme ou une autre, parfois même votre esprit vous fera croire qu'une montagne de taupinières est dressée sur votre chemin, mais à cause de votre persistance, tout cela devint vaincu. D'accord. Mais où cela vous mène-t-il ? Cela vous mène à la croisée des chemins, là où chaque livre de développement personnel, chaque programme de motivation et chaque séminaire vous conduisent. Nous revenons maintenant à l'importance de la prise de décision qui fera de vous un aimant pour l'argent. Vous devez décider de ce que vous voulez ! QUE VOULEZ-VOUS ? Découvrez ce que vous voulez vraiment, éclairez ce désir enfoui en vous et allez-y ... ou bien vous resterez à crapahuter pour toujours dans les collines avec tous les partisans du « et si ... » Très peu de gens se sont autorisés à reconnaître : « Voilà, c'est CETTE CHOSE-LÀ que je veux et je suis prêt à donner ma vie pour ça. » C'est justement cette persistance qui me tient et m'entraine avec énergie dans la rédaction de l'ouvrage que vous êtes en train de démystifier : l'énigme de la richesse et de l'abondance. Il n'y a pas de jour où, malgré mes occupations, je ne place une virgule de plus dans sa rédaction. C'est devenu presque une obsession pour moi et, ne pas le faire en une journée me laisse un sentiment au goût d'inachevé. Cette dernière déclaration vous a peut-être fait réagir et vous vous êtes dit : « doucement là, ce type, doit être fou, donnez ma vie pour ça ? » Pas de problème, mais réfléchissez-y sérieusement parce que vous donnez déjà votre vie pour ce que vous faites. Qu'est-ce que vous faites ? Vous faites l'échange de votre vie contre quoi ? Est-ce vraiment une bonne affaire ? Souvenez-vous, quoi que vous fassiez, c'est votre décision. C'est bien vrai ? Vrai de vrai ? Vous pourriez très bien faire partie de ces pauvres gens qui errent au pied des montagnes en laissant d'autres personnes décider d'où ils doivent aller et ce qu'ils doivent faire de leur vie. Pardonnez-vous de vivre ce genre d'existence. Il suffit de la quitter pour toujours. Considérez cet enseignement sur la persistance comme un réveil salutaire. Ce message provocateur vous aidera à quitter les contreforts de la montagne pour en atteindre le sommet. Mais ce n'est pas un télésiège, il ne rendra pas votre ascension plus facile. Vous allez à nouveau attirer les défis nécessaires qui surgiront pour vous donner plus de force, mais désormais, l'ascension sera bien plus amusante. Ce message sur la persistance va aussi vous aider à développer une attitude et une certitude solides comme le roc, la conviction intime que vous atteindrez le sommet. Votre estime de vous-même, la confiance en vous et ce que vous faites sont aussi les moteurs de cette persistance qui vous hissent au sommet des sommets des êtres. Ce sera le vôtre et la vue du haut de la montagne sera magnifique. Ce sera votre récompense pour tous les défis que vous avez surmontés.

Plan Parfait de Réussite Personnelle (PPRP)

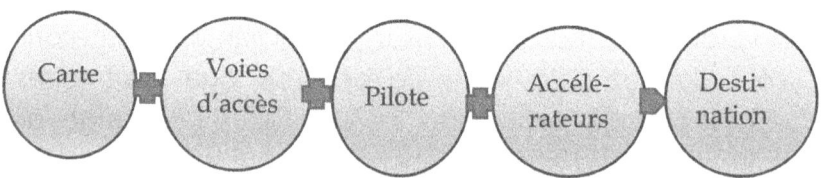

Examinons ensemble le schéma ci-dessus et à la suite de l'explication que je lui en donnerai, vous pourrez, sans l'aide de quiconque, savoir si la voie que vous avez empruntée pour atteindre votre réussite est sans issue ou pas.

La carte : Géographiquement, la carte est une représentation conventionnelle, généralement plane, des phénomènes concrets ou même abstraits mais toujours localisables dans l'espace. Dans le contexte du PPRP, la carte désigne l'ensemble de toutes les situations possibles à partir desquelles tout être humain peut faire fortune et vivre le bonheur illimité. Une idée de leur cartographie permet de citer entre autres, l'emploi, les affaires, l'entrepreneuriat industriel, agricole ou autres, l'infoprenariat, l'héritage, la loterie ou jeux de hasard, l'investissement.

Les voies d'accès : Les voies d'accès sont l'ensemble des itinéraires que vous empruntez pour atteindre la destination souhaitée. Ce sont entre autres, les différents éléments de la cartographie. Une chose est claire, personne sur terre n'est allergique à l'amas du bien matériel en l'occurrence l'argent (l'argent est comme le liquide rouge précieux qui circule dans notre corps), encore moins le bonheur. Chacun va alors de son pouvoir et de ses capacités pour en amasser au besoin. Les outils qui vous ont été précédemment donnés, notamment la détermination de sa zone de confort, vous aident à vous situer sur les différents éléments à mobiliser ou l'itinéraire sur lequel il faut vous positionner pour atteindre la destination souhaitée. Il n'est pas rare de voir des gens démissionner de leur emploi pour un autre itinéraire. Le géant Robert Kiyosaki a pris le risque d'abandonner sa fonction de pilote de la flotte marine pour se lancer dans les affaires et l'immobilier où il a fait fortune. Au moment du reversement de ma promotion dans la fonction publique, j'ai connu des amis qui ont pris le risque de démissionner pour se lancer dans les affaires. Aujourd'hui, ils n'ont rien à envier à n'importe quel agent de l'Etat en matière de revenus. Il convient à chaque leader de se positionner pour la réalisation de son odyssée personnelle.

Robert Kiyosaki, à travers le cadran du cashflow, nous enseigne quatre façons de gagner de l'argent. Ce sont ; **l'emploi, l'artisanat, l'entrepreneuriat et l'investissement.** À travers cette cartographie, R. Kiyosaki démontre qu'une transition professionnelle est bien possible si l'on ne se sent pas à l'aise dans son secteur d'activité ou à défaut, faire une profession mixte. C'est-à-dire que l'employé qui pense qu'il ne se sent pas à l'aise ou le cash qu'il amasse est largement en dessous de ses attentes, peut progressivement devenir un entrepreneur ou investisseur, ou reste dans son emploi pour créer une entreprise ou investir. À chacun de voir si la voie empruntée est avec ou sans issue.

Le pilote : Comme on peut le comprendre dans le langage courant, le pilote désigne la personne autorisée à guider un navire pour entrer dans un port ou en sortir ; précisément, la personne qui conduit un avion ou un appareil volant. Dans le monde de l'informatique, c'est un driver qui désigne un programme informatique particulier. Il a pour rôle de permettre la bonne liaison entre votre ordinateur et un périphérique (imprimante, webcam, scanner etc...). Dans le contexte du PPRP, le pilote désigne celui qui est installé dans la cabine pour diriger ou orienter le train de votre vie au plan de la mobilisation du cashflow et même de sa gestion. Autrement dit, celui qui décide ou qui a le contrôle de votre moteur économique. Toutes les fois qu'un seul paramètre dans l'équation qui traduit votre richesse vous échappe, vous perdez le contrôle et la destination est hypothéquée. Il n'y a pas d'autoroute du millionnaire à péages étatiques par exemple, car vous n'avez le contrôle de rien. Pour accéder à la richesse il faut éviter les panneaux indicateurs qui ne vous garantissent aucun contrôle sur la situation. Lorsque vous abandonnez le contrôle de votre vie à une autre personne, qu'elle soit morale ou physique, rassurez-vous, vous troquez votre vie contre un salaire d'asservissement. C'est la voie de la médiocrité, elle obéit à la règle de 5/7 voire 6/7 énoncée par MJ DE MARCO dans *l'autoroute du millionnaire*. Cette règle consiste à travailler sous pression, minimum huit heures par jour dans une entreprise et ce, six jours par semaine. Si le voyage vers la richesse se trouve entravée par une lettre de licenciement, c'est que vous jouez à un jeu de hasard. C'est le cas par excellence des employés, juste un saut d'humeur suffit pour leur créer un traumatisme crânien. Imaginez aussi qu'au lieu de monter à la cabine de votre voiture pour vous conduire vous-même, vous vous permettez de confier votre vie à un individu qui peut décider de votre vie ou votre mort ! C'est de cela il est question. Le célèbre auteur de la motivation, Zig Ziglar dit à ce propos : « pour avoir l'assurance du contrôle de ses œufs, il ne faut pas les mettre dans le panier d'autrui ». Votre succès dépend de vous-même, soyez le chauffeur et congédiez votre chauffard.

Les accélérateurs de richesse : Les accélérateurs de richesse sont les éléments qui sont enfouis dans vos sources de richesse et qui sont capables de vous faire gagner des revenus passifs. C'est leur capacité à produire un effet de levier subséquent pour vous hisser au sommet de la pyramide. Ils tendent inexorablement à vous inscrire sur la liste des 5% des personnes qui détiennent les 95% de la richesse mondiale. Pour un salarié, l'accélérateur de sa richesse est dans sa mensualité, donc son salaire. Or, celui-ci n'augmente pas et donc ne produit aucun revenu supplémentaire parce qu'il n'est pas en soi un actif mais un passif. Un passif ne pouvant en produire un autre, c'est là le drame qui explique la vie par procuration de cette catégorie de personnes. Elles sont obligées de vendre leur temps et même leurs « âmes » pour trente années de servitudes qui les conduisent vers le troisième âge dit « âge d'or » (la retraite) pour les chanceux : ceux qui n'ont pas été déprimés par les maladies, le stress. Or même en étant salarié au départ, vous pouvez devenir entrepreneur ou investisseur avec une bonne éducation financière. Il faut augmenter votre valeur intrinsèque en incluant au maximum les actifs dans l'équation de votre richesse. Ceux qui refusent d'entreprendre sont souvent submergés par un flot d'associations négatives lorsqu'on leur présente une opportunité. Quand je présentais une opportunité de marketing à un collègue enseignant, il me dit, non seulement qu'il n'a pas le temps mais pire, il tentait de me dissuader faisant croire que c'est de l'arnaque. Aujourd'hui, quelques mois seulement après, il l'a appris à ses dépens. La voie par défaut pour s'enrichir est l'employabilité, c'est un combat contre le temps et la valeur intrinsèque. Entreprendre, investir pour industrialiser le processus de création de richesse et le systématiser en sont les voies rapides.

Destination : Elle est l'arrivée imposée ou souhaitée de tout individu qui s'engage dans le processus d'acquisition de richesse. J'utilise l'adjectif « imposée » parce que la plupart du temps, vous vous attendez à atteindre un ultime objectif alors que la voie que vous avez empruntée est une voie sans issue, mais vous ne le saviez pas. Je parle de ''souhaitée'' parce que vous saviez au départ et êtes convaincu que vous ferez fortune avec votre voie et la récolte des fruits ont tenu la promesse des fleurs.

On distingue trois principales destinations selon que vous vivez une vie fondée sur le hasard, l'emploi ou l'entreprenariat/infoprenariat et l'investissement : la pauvreté, la médiocrité et la richesse. Chaque destination est le résultat des choix des voies d'accès, du pilote et des facteurs accélérateurs de richesse. Si vous avez une bonne voie d'accès et que le contrôle vous échappe, ça peut devenir une descente aux enfers. Le vœu le plus cher de chacun est de faire fortune. Il convient donc de choisir sa voie d'accès, de prendre le contrôle soi-même et de disposer de plans d'actifs capables de productions à grande échelle pour enfin maximiser les bénéfices. Une Lamborghini ou une bugatti ne roule pas seule à grande vitesse sur une autoroute, il faut écraser l'accélérateur à fond. Le prix de la grandeur est la responsabilité.

Les trois actifs importants pour faire fortune

Si se faire de l'argent est avant tout une question de mentalité, de philosophie et de leadership personnel, il n'en demeure pas moins que l'usage efficient des monnaies courantes et universelles sont aussi importantes qu'indispensables.

Le premier actif est le temps : c'est une monnaie divine. L'Architecte de l'univers l'a donnée à tout le monde et en proportion égale que ce soit en une journée, une semaine, un mois ou une année. Il est tellement précieux que certains l'appellent « morceau de la vie ». Les illusionnistes pensent qu'il est illimité et que chacun peut en faire ce qu'il veut ! Erreur monumentale parce que pour chaque être humain, il est limité au nombre de jours de vie à lui accordés. La preuve en est que chaque jour que Dieu fait, des gens naissent et meurent sur la planète terre. On a déjà assez parlé du temps, inutile d'en faire encore un long discours par ici mais, il convient de retenir que de l'usage qu'on en fait dépend notre capacité à faire fortune.

L'expert Tom Corley a étudié la vie des riches et a trouvé une similitude dans leur façon de gérer leur temps durant toute une journée au point où il en établit une règle qu'il dénomme *règle des 240 minutes*. Il estime que cette règle permet d'atteindre les objectifs.

Les 240 minutes sont subdivisées de la façon suivante :
- 60 minutes pour établir ses rêves ou pour méditer sur ses rêves. Travailler sur les habitudes les plus utiles pour ce qu'on veut réaliser, chercher d'autres sources de revenus
- 60 minutes par jour pour l'auto éducation. Bill Gates dit qu'il cherche toujours sa fortune à lire de nouvelles choses, à perfectionner une compétence.
- 30 minutes pour se rappeler son état de forme, sa santé
- 30 minutes pour mener de bonnes relations, faire du réseautage, rester en contact avec les autres, ne pas négliger les relations personnelles.
- 60 minutes d'activités de détente. Il estime que le burnout est le pire ennemi du succès et de la productivité.

Le second actif est l'argent : c'est la seconde monnaie créée par les êtres humains. Il est tellement important dans la vie des hommes qu'il est la plupart du temps cause de guerre et de crimes même entre frères jumeaux. L'argent est désigné par des noms aussi simples que complexes. Il est désigné par fonds, capital, finances, moyens, fric, ressources, biens, devises, avoir, monnaie, espèce, cash, richesse, numéraire, liquidité, billets, mitraille, ferraille, nerf de guerre et j'en passe. Je ne connais rien qui soit aussi plurinominale. C'est autant dire que cet outil a traversé les âges et continue de s'imposer dans toutes les sociétés humaines où il apparait comme le centre de toutes actions humaines. Il est intemporel. C'est le moyen par lequel on peut faire du bien à soi-même ou aux autres et qui permet d'accéder au bien-être, parfois même au bonheur. Il est tellement aimé que même dans les lieux de cultes, les places sont parfois attribuées en fonction du pouvoir financier. L'argent peut accomplir et nous apporter énormément de choses tels le confort, la liberté, la sérénité, les voyages, les rêves, la bonne éducation, la générosité etc... En avoir, c'est détenir le pouvoir économique. L'argent est source de développement de l'humanité, c'est un bon serviteur et un excellent maitre. En manquer est source de stress, de maladie et de mort.

Le troisième actif est le savoir : le savoir, inspiré par Dieu et mis en œuvre par les êtres humains est la troisième monnaie, c'est le défi de l'humanité depuis la nuit des temps. Le savoir est la chose qui fait changer le monde. Le défi est d'autant plus grand à mesure que le monde évolue, l'évolution vertigineuse de la technologie en est la preuve. Vivre avec les connaissances du 18e siècle, c'est se refuser de s'adapter aux nouveaux changements qui s'opèrent chaque seconde que Dieu fait. Je l'avais dit un peu plus haut et vous le savez peut-être mieux que moi qu'il est très improbable de vivre dans ce siècle au hasard. C'est un siècle qui ne *pardonne* pas. Vous faites du sur place, l'évolution du monde s'éloigne de vous des décennies alors que c'est le siècle qui offre le plus de facilité pour l'apprentissage. Pour avoir l'un des trois actifs, il faut faire usage des deux restants. Comme par exemple, pour avoir de l'argent (le cashflow), il suffit d'utiliser rationnellement son temps et son savoir.

Rien qu'avec un smart phone et la connexion internet, on peut déplacer dans son salon toute la bibliothèque du monde et frotter sa cervelle avec celles des plus grands penseurs vivants ou non. Oui c'est possible. Pas besoin d'un talent inné pour réaliser des exploits dans n'importe quel domaine de la vie. Et c'est justement sur ce point que je me permets de contredire le géant gourou et précurseur du leadership John Maxwell pour qui, pour entreprendre et réussir dans un domaine donné, il faille avoir au minimum une cotation de 7/10 comme talent inné. Le talent, non seulement on peut l'acquérir mais aussi et surtout lorsqu'il est inné et non exploité, il est comparable à une bugatti neuve qui n'est pas roulée et donc la batterie s'éteint avec l'usure du temps. C'est aussi comme un muscle qui n'est pas travaillé et qui s'atrophie.

Les limites des facultés cognitives

Je distingue trois facteurs internes qui influencent nos savoir- faire et savoir-être au quotidien : la mémoire, l'intelligence et le talent.

La mémoire : elle est la fonction qui nous permet d'intégrer, conserver et restituer des informations pour interagir avec notre environnement. Elle rassemble ou se concentre beaucoup nos savoir-faire et nos souvenirs. Elle est indispensable à la réflexion et à la projection de chacun dans le futur. C'est justement cette mémoire qui est testée dans les évaluations dans les écoles au point où le plus fort est celui qui a la capacité de se souvenir et de restituer tout ce que l'enseignant lui a répété beaucoup plus sur le plan théorique. Les expériences ont prouvé que les meilleurs dans cette catégorie (enseignants, médecins, avocats etc...), reviennent à être employés par les individus de catégories supposées inférieures. C'est à cet effet que Einstein estime que la réussite à l'école comme baromètre du succès est une aberration car chaque individu a ses capacités, les uns en art, les autres en business et bien d'autres. Il poursuit en disant que : « réussir à l'école ne saurait être significatif du succès car à l'école, il suffit d'apprendre par cœur et sans faute ce qu'on nous enseigne ». Jacques ATTALI va plus loin en disant : « les diplômes doivent avoir une date de péremption, puisque quelques décennies après, le principe actif est mort et doit être renouvelé ». J'en tombe d'accord parce que les connaissances acquises dans les conditions connues de tous ne sont plus adaptées au contexte actuel de l'évolution galopante de la technologie et méritent d'être renouvelées.

L'intelligence : un adage populaire dit que « l'intelligence est la faculté de s'adapter aux situations nouvelles ». Opposée à la sensation et à l'intuition, l'intelligence est l'ensemble des fonctions mentales ayant pour objet la connaissance rationnelle. C'est la faculté de connaitre, de comprendre C'est la qualité de l'esprit qui comprend et s'adapte facilement. Howard Gardner répertorie huit formes d'intelligences, sauf que l'école avec son système classique, ne valorise que quelques-unes. La forme d'intelligence développée peut déterminer aussi le choix d'orientation scolaire et surtout professionnelle de l'individu. L'intelligence intrapersonnelle par exemple, permet d'avoir une bonne conscience de ses forces et ses faiblesses, de se faire une représentation précise et fidèle de soi et de l'utiliser efficacement dans la vie. C'est grâce à elle que l'individu peut connaître ses talents et capacités, se fixer des buts réalistes, mener à bien une tâche qu'il s'est fixée, résister à l'impulsivité et à la manipulation.

Les ''Q'' (pour désigner les différents Quotients) sont d'une importance capitale dans la vie personnelle, relationnelle et professionnelle d'un être humain. Une personne est dite intelligente lorsqu'elle a un quotient intellectuel élevé. Mais hélas, à lui seul, ne garantit pas une meilleure attitude sociale. On distingue aussi les quotients émotionnel et social dont la somme est au-delà d'un quotient intellectuel élevé. Le cumul de ces deux derniers "Q" permet à l'individu de s'imposer en tant que manager leader dans la société et de prospérer aussi. Comme malheureusement, l'intelligence n'est même pas testée à l'école sinon que très peu, il convient de retenir que les individus aux QI (Quotient Intellectuel) élevés se font employer par un QE (Quotient Emotionnel) et QS (Quotient Social, moyens. Le Quotient Emotionnel représente la mesure métrique qui permet de mesurer l'intelligence émotionnelle. Quant au Quotient social, il est un concept qui mesure le niveau de participation sociale d'un individu dans la société. On ne le dira jamais assez, que chacun prenne ses responsabilités pour développer ses différentes aptitudes. Par ailleurs, le Quotient d'Adversité (QA) permet de renforcer le leader dans sa position. Il détermine le niveau de résilience d'un individu face aux situations difficiles. Il est le baromètre de l'estime de soi. Il est complémentaire du quotient Intellectuel (QI) et du quotient émotionnel (QE).

Le talent : le talent est beaucoup plus englobant que l'intelligence. Le talent pouvait ne pas être classé parmi les facultés cognitives parce qu'il a une tendance beaucoup plus axée sur la pratique ; il mérite cette place grâce à sa source car, il naît dans le mental. Le talent comme l'intelligence n'est aussi pas testée à l'école d'autant plus que le système classique met beaucoup plus l'accent sur la théorie. Identifier vos talents, c'est dénicher les capacités qui vous permettent de prouver votre unicité. Votre talent révèle votre personnalité et vous permet de réussir incroyablement. Les professionnels du football comme Lionel Messi sextuple ballon d'or et Cristiano Ronaldo, pour ne citer que ceux-là, ont su déterminer leurs talents, les ont travaillés pendant des années et se sont fait une place de choix au sommet de la pyramide des êtres. Dans le monde artistique, le célèbre chanteur congolais Koffi OLOMIDE, bien que titulaire d'un master en finance, abandonne sa qualification pour s'installer et s'imposer là où il s'est senti le mieux talentueux. Si vous découvrez votre talent, vous avez de la motivation pour passer à l'action, vous développerez la totale confiance en vous. Le talent vous permet de faire les choses assez facilement. Le talent humain permet de transformer l'argile en forteresse, la feuille du murier en soie et la laine du mouton en vêtement de roi. Le livre *activer vos talents, ils vous peuvent changer le monde*, de Matthieu Dardaillon peut vous aider à identifier vos talents cachés. Le talent inné non travaillé s'atrophie.

Quelques méthodes pour travailler votre talent

La métacognition : c'est un processus qui permet d'apprendre à apprendre. C'est-à-dire être autodidacte. C'est apprendre par soi-même. C'est chercher les informations, s'exercer par soi-même pour réaliser des choses et acquérir des connaissances qui feront de vous les compétents. Un jour, un de mes mentors me dit, Nouhoum, tu peux devenir expert dans beaucoup de domaines si et seulement si tu le décides. Je le fixai un instant et lui demandai de me dire comment cela est possible ! Sans complexe, il me dit : pratique la méthode Blair et celle des quatre experts.

La méthode Blair consiste à identifier le domaine de compétence que vous voulez explorer, choisir 52 livres de ce domaine, les étudier chacun à fond et vous en devenez expert. Que ce soit dans le domaine du développement personnel, de la motivation, de la métaphysique, du leadership et du management, j'ai lu plusieurs ouvrages. Je ne bombe pas le torse pour accepter d'être appelé expert mais j'avoue que je suis fier de moi-même pour le peu de connaissances que j'ai pu acquérir. C'est cette méthode que MJ De Marco, auteur américain du best-seller *l'autoroute du millionnaire* a utilisée pour devenir un expert en création d'entreprise. C'est pareil pour le blogueur professionnel Olivier Roland auteur du best-seller *"tout le monde n'a pas la chance de rater ses études"* qui a abandonné ses études à l'âge de 18 ans pour s'installer dans le monde des web entrepreneurs. Il est devenu une référence au point de préfacer les livres des écrivains mondialement reconnus comme Timothy Ferris auteur des best-sellers *la semaine des 4 heures* et *la tribu des mentors.*

La méthode des 4 experts en outre, permet d'identifier les livres des 4 meilleurs auteurs mondialement reconnus dans le domaine que vous explorez. Il vous revient d'étudier à fond leurs œuvres de manière à pouvoir penser et agir comme eux. À ce stade, sauf si vous êtes victimes du 11ème commandement, vous devenez aussi un expert dans le domaine. Ces méthodes n'ont rien à voir avec un niveau d'étude assez élevé, juste le minimum qu'il faut pour le bon discernement.

La métacognition permet un meilleur apprentissage, une conceptualisation hors pair, la compréhension des faits, la maîtrise de votre environnement, l'accumulation des connaissances pour devenir un grand leader.

La méthode crayon

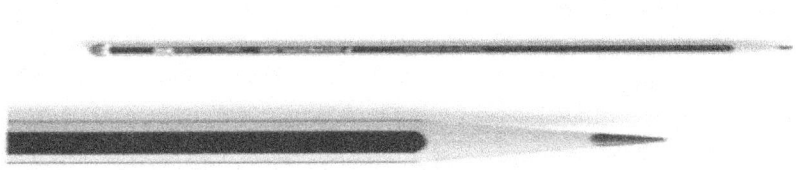

Toute personne qui veut vraiment devenir un grand leader se doit de mimer le crayon qui, ''volontiers'', accepte de souffrir en passant par la taille jusqu'à son usage pour dessiner la maquette d'une œuvre d'art.

En effet, le crayon, pour libérer le potentiel en lui qui est la mine capable d'écrire ou de dessiner, subit l'action douloureuse d'une force physique. Par parallélisme de forme, tout individu qui veut devenir un grand leader doit accepter se soumettre aux injonctions d'un maître, d'un formateur. Un crayon ne réussit pas forcément au coup au premier essai ! Son œuvre peut donc être gommé. De même, le leader en devenir doit s'ouvrir par humilité aux corrections que lui apporte son formateur au cours du processus d'apprentissage. Reprendre autant de fois que possible pour accéder aux grandes sphères de la sagesse en matière de connaissance.

Lorsque vous acceptez avec humilité passer toutes ces étapes sans tricher, vous avez la certitude de passer du faible niveau de compétence appelée incompétence inconsciente au plus haut niveau qui est la compétence inconsciente en passant par les niveaux d'incompétence consciente et la compétence consciente : C'est le cycle de l'apprentissage. Il est subdivisé en quatre niveaux à savoir :

Niveau 1 : l'incompétence inconsciente

Au départ, vous êtes dans ce que l'on appelle l'« incompétence inconsciente » : on ne sait pas que l'on ne sait pas. Cette première étape est la preuve que de multiples informations sont à votre portée, que la connaissance est infinie et que vous n'avez pas conscience de toutes les connaissances que vous pouvez engranger.

Niveau 2 : l'incompétence consciente

Quand vous découvrez une discipline ou une information, vous prenez conscience de votre ignorance.

Vous entrez alors en « incompétence conscience » : on sait que l'on ne sait pas. Ouvrez-vous au monde, décidez de lire des livres, écoutez des podcasts, et rendez-vous à des expositions ou des conférences, vous vous apercevrez qu'il y a plein de choses que vous ne saviez pas. Vous êtes constamment en incompétence inconsciente. En avoir conscience est moteur : cela vous invite à apprendre des choses incroyables et passionnantes, utiles à votre développement et à vos projets.

Niveau 3 : la compétence consciente

Face à la conscience de ne pas savoir, vous décidez d'apprendre. Cous entrez en apprentissage, vous vous entraînez, et vous passez à l'étape 3, celle de la compétence consciente : vous avez désormais conscience de vos manquements et développez alors vos connaissances. Vous vous voyez faire, exactement comme lorsque vous apprenez à conduire : chaque geste est conscientisé, vous êtes attentif aux pédales, à la boîte de vitesses, aux autres automobilistes... Votre apprentissage vous demande un effort conscient, mais vous pouvez observer votre progression.

Niveau 4 : la compétence inconsciente

Lorsque vos connaissances et votre maîtrise augmentent, vous arrivez à une nouvelle étape, celle de la compétence inconsciente : vous ne savez même plus que vous savez, à l'instar d'un conducteur qui se déplace d'un point A à point B sans réfléchir, d'un expert qui ne sait pas expliquer ce qu'il fait, ou d'un tennisman qui joue sans intellectualiser ses gestes. C'est naturel, c'est fluide. C'est la preuve que vous êtes arrivé à un niveau de maîtrise de la compétence. Atteindre cette dernière étape revient à atteindre l'excellence. Pour entretenir cette compétence inconsciente, l'entraînement et la pratique sont de mise. Pourquoi les sportifs, les artistes s'exercent-ils tous les jours ? Pour pouvoir compter sur cette compétence inconsciente et la mobiliser, notamment en cas d'urgence et de stress. Dans la compétence inconsciente, vous avons des réflexes. Vous connaissez la mécanique par cœur. Vous faites les choses automatiquement, comme c'était programmé dans votre logiciel mental. Pour y demeurer, s'y maintenir, il faut s'entraîner. Sinon, Messi et Cristiano Ronaldo, joueurs de très haut niveau, n'auraient plus besoin de s'entrainer au jour le jour ! Ils sont au sommet de leur art, mais continuent de s'entrainer pour garder la meilleure forme aussi longtemps que possible. Tout est possible, dès lors que vous continuez de pratiquer. L'expertise ne s'acquiert que par l'entraînement. Pour cela, il est bien sûr nécessaire de dégager du temps chaque jour pour l'apprentissage dans le domaine où vous avez choisi exceller.

Un jour j'ai entendu un coach à la télévision dire : « les jeunes veulent réussir sans souffrir, ils veulent réussir sans mentor, ils veulent réussir sans être dirigés, ils veulent réussir sans passer par le processus. Erreur ! Les réseaux sociaux peuvent vous rendre populaires, et vous pensez être au top. Si vous ne passez pas par le processus, vous échouerez au sommet, difficile de l'éviter. Nous, nous avons grandi avant l'avènement des réseaux sociaux et, sous des plus nantis en connaissance plus que nous. Lorsqu'ils s'opposent à quelque chose c'est sans recours. Mais cette nouvelle génération n'est pas aussi patiente et veut prendre par des raccourcis où les arrières ne sont pas sécurisés. C'est pourquoi beaucoup échouent qu'ils arrivent là où ils appellent sommet. Mon conseil pour vous est de trouver un mentor, apprendre et servir avec humilité et attendre votre temps. Quand ce temps arrive, rien, personne ne peut le stopper ». Je n'ai pas besoin de donner mon avis par rapport à cette forte déclaration du coach, vous le savez déjà. Pour ne pas mourir avant de naître, acceptez de vous faire former. Il n'y a pas d'âge pour cela. Avec pincement au cœur, désolation et pitié, j'entends des gens dire : « je suis trop vieux pour lire, pour apprendre ». Quelle horreur ! L'ancien président américain Barack OBAMA continue de fréquenter les librairies pour acheter des livres et continue d'apprendre. Le milliardaire américain Bill Gates continue de lire et, chaque année, se permet même de citer et de recommander les livres qui lui ont fait du bien tout le long de l'année. Ceux qui ont reçu tous les honneurs du monde, ceux qui ont amassé une très bonne quantité d'argent, de métaux précieux et qui vivent complètement à l'abri du besoin, continuent de lire et de se faire encore former. Faites-vous former aussi pour être au même niveau d'informations quant aux différentes mutations qui s'opèrent dans votre domaine de compétence. Ne vous laissez par aveuglé par l'orgueil pour l'éviter sinon c'est la descente aux enfers. La lecture dépoussière l'ignorance. Apprendre aujourd'hui est plus que jamais facile. Rien qu'avec un smartphone et une connexion vous « déplacez » la bibliothèque virtuelle du monde dans votre salon et vous pouvez vous faire former par toutes les intelligences du monde. Débarrassez-vous de votre « orgueil » et apprenez à connaître. La Bible nous apprend que tout peuple qui ne connaît pas les réalités de son époque pour anticiper sur l'avenir périt.

Mon mot pour achever ce chapitre sur le leadership personnel est que j'ai la ferme conviction que tous les combattants de l'armée pour votre réussite personnelle et professionnelle ont été déjà mobilisés et sont en votre possession. Si vous continuez de garder les yeux rivés sur les lignes de ce livre, c'est la preuve que vous gardez votre tasse toujours vide et cela est la marque des grands esprits, ils ne disent jamais qu'ils connaissent tout. Big up à vous et soyez câblé pour continuer l'aventure vers la terre promise. Soyez un lion parmi les Hommes et un aigle sur la place du marché. Lisez cette parabole et criez comme un lion.

La parabole du lion qui se croyait mouton

« Un jour, un fermier rentrait chez lui en passant par la forêt. Surpris d'y trouver un lionceau, il décida de le ramener chez lui et le mit au pâturage avec ses propres moutons. Le lionceau grandit et finit par devenir un magnifique lion. Ayant grandi parmi le troupeau de moutons, il se croyait l'un d'eux. Un jour, alors qu'il se promenait près d'un lac, il aperçut son reflet dans l'eau. Il réalisa alors qu'il était différent des moutons et pour la première fois, poussa un vrai rugissement ». Vous devez avoir la niaque, la faim, vous devez en vouloir avec rage ! Voilà ce qu'il vous faut pour raviver la flamme dans le cœur de tout le monde. Vous avez connu la vérité et elle doit vous affranchir. Vous êtes le plus grand miracle du monde et plus rien au monde ne doit avoir plus de la valeur que vous. « Quand le Seigneur Dieu créait le monde, il a pensé en termes de solutions, de principes. Tout ce qu'Il a créé répond à un besoin. Tu es une réponse à un problème. » Epiphane SENOU.

Chapitre 9

L'intelligence financière

> « *Offrez de la valeur au monde et l'argent sera attiré vers vous comme un aimant* »
>
> MJ DEMARCO

Il nous a souvent été dit que la vie appartient à ceux qui se lèvent tôt. Mais cette théorie se trouve désuète parce que le constat est flagrant. La preuve est que pour moi, les fermiers en général ou travailleurs de la terre sont ceux-là qui travaillent le plus ! Ils planifient toutes leurs activités saisonnières et les exécutent pour la plupart à bonne date. Malheureusement, les récoltes ne sont pas toujours proportionnelles aux efforts fournis à cause de certains facteurs externes indépendants d'eux. Aussi s'imposent-elles à eux, les réalités du marché où ils n'ont même pas la latitude de fixer les prix de vente de leurs produits. Dans les grandes villes du Bénin, les premiers à se mettre sur leurs deux pieds pour affronter les vicissitudes de la journée et qui rentrent très tard la nuit chez eux sont les conducteurs de taxi-moto. Mais ils n'ont jamais été les plus nantis. Les exemples sont légion. Je peux me permettre d'affirmer sans ambages que la vie, sinon le succès appartient à ceux qui saisissent les opportunités. Oui c'est de cela qu'il est question. Mais comment y parvenir reste un problème pour la plupart des Hommes.

Tous les jours sont faits de leurs lots d'opportunités

Un jour une journaliste américaine reçu Bill Gates sur un plateau de télévision. Elle lui demanda comment il est parvenu à être si riche et le demeurer pendant autant d'années. Le milliardaire n'est pas allé par quatre chemins pour lui dire que ce sont les opportunités qu'il saisit. La journaliste s'étonna et voulut en savoir davantage. Gates lui tendit un chéquier en lui demandant d'inscrire le montant de son choix et qu'il signerait afin qu'elle aille encaisser. Cela a paru de l'amusement aux yeux de la journaliste et elle n'a pas daigné en inscrire un. L'homme d'affaire lui dit qu'elle vient de rater une opportunité. Il lui dit que son rang social ne pouvait lui permettre de se livrer à une comédie sur un plateau de télévision de cette envergure. Tout est vraiment question d'opportunité.

L'opportunité est une arrogante déesse qui n'attend pas les indécis.

Une opportunité ! Une question de lecture en profondeur

Savoir déterminer les opportunités est aussi un art et mérite d'être appris. Il est question de savoir regarder en profondeur, de voir avec l'esprit et non seulement avec les yeux. Tentons de résoudre un exercice sur le décompte d'un certain nombre de carrés sur une figure géométrique. Votre capacité à y arriver facilement traduit votre habileté à dénicher les opportunités ou trouver des idées d'entreprise.

Cette figure est un carré composé d'autres petits carrés. Il est question de déterminer le nombre total de carrés qu'il renferme.

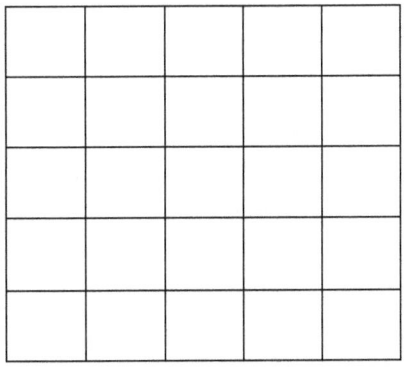

Je vous vois déjà vous précipiter sur la figure pour le dénombrement. Oui vous n'avez pas tort sauf que même si vous y arrivez, vous aurez perdu assez de temps. Cette façon de faire correspondre à la méthode traditionnelle. Elle ne vous marchera facilement avec moins d'incertitudes qu'au cas où le nombre est très réduit. Parvenir à faire ce dénombrement, c'est entraîner les muscles de votre cerveau et l'habituer à vite résoudre des énigmes. Cela participe de votre capacité à pouvoir dénicher des opportunités. Et c'est l'essence profonde même de ce livre : Trouver l'énigme de la richesse. La méthode pour y arriver plus facilement vous sera donnée dans la suite. Sans trop vouloir vous faire languir d'impatience, je vous livre la recette pour y arriver en quelques secondes. Soit **N** le nombre de petits carrés contenus sur la figure. Le nombre total de petits carrés est déterminé suivant une démarche scientifique. « Seule l'efficacité de la démarche garantie la fiabilité des résultats », dira Emmanuel BAHOUNON. Pour y parvenir, appliquez la formule mathématique suivante :
$N = 1 + 2^2 + 3^2 + …. + (n-1)^2 + n^2$ (avec n le nombre de carrés sur une ligne de même qu'une colonne).

J'ai pris l'habitude à un moment donné de m'adonner à la résolution d'énigmes proposées sur le net. Cette pratique favorise l'organisation fréquente des ateliers de fertilisation croisée pour acquérir de nouvelles compétences cognitives, celles-ci demeurant la quintessence de l'innovation. J'avoue que même si vous n'y arrivez pas, ça participe grandement à l'ouverture d'esprit et permet de mieux appréhender les opportunités. Comment avoir des idées étonnantes, les idées véritablement innovantes, c'est-à-dire les idées qui ne se contentent pas de proposer des variations d'éléments préexistants ou de les appliquer à d'autres domaines ? La plupart du temps, on les trouve en dehors de notre zone de fixation ou zone de perception ou alors quand on transgresse les règles du jeu. À titre d'exemple, nous pouvons nous servir du « problème en neuf points » apparu pour la première fois au début du XXe siècle dans des cahiers d'énigmes. Ce qu'il faut faire : reliez neuf points avec quatre traits maximums, sans soulever ni déposer votre crayon. La solution : cela consiste à laisser les traits déborder des limites du carré. C'est en incluant les variables en dehors de vos capacités que vous trouvez la solution. On fait volontiers allusion à cette énigme comme un modèle de pensée créative.

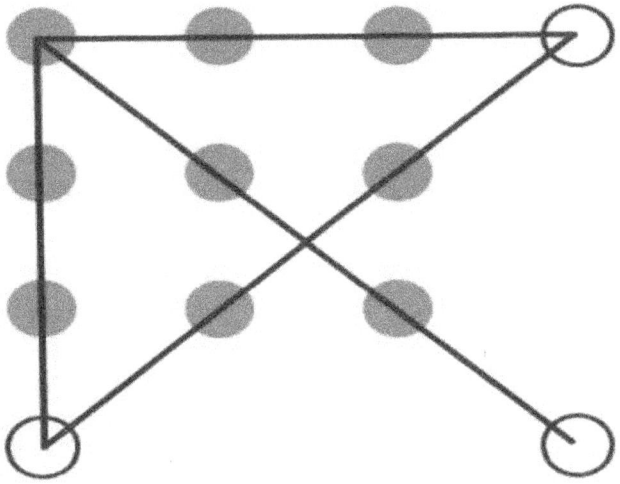

Au carrefour de l'opportunité, se croisent un problème et une innovation

Au lieu d'accepter de vivre la myopie des opportunités, il me semble important de souligner que, trouver une solution qui permette de réduire l'inconfort ou la souffrance, le besoin ou le désir suffit pour créer des opportunités. Parlant de souffrance, elle est souvent plus physique. Les moments de crise sont les beaux terrains de chasse pour les spécialistes en matière d'opportunités. Depuis décembre 2019, le virus lié au covid 19 a fait des ravages dans le monde entier. Pour des raisons de santé, plusieurs entreprises ont développé des vaccins à divers degrés d'efficacités. Apportant une solution à grande échelle à l'humanité, ces entreprises ont fait fortune. Même les entreprises de fabrication de masques en ont gagné énormément sans oublier les distributeurs d'intrants.

Les promoteurs d'entreprises de marketing relationnel ont aussi innové des stratégies via le net pour mieux prospecter les clients limitant ainsi leurs dépenses pour cette étape. Toutes les souffrances ne sont pas forcément un mal physique à solutionner. On peut s'appuyer sur un besoin préalablement existant. En tant que tel, il s'agit plus d'un besoin que d'une souffrance. Raphaël H. Cohen parle dans ce cas de **« pull demand »**. L'avantage de cette démarche est qu'elle s'appuie sur un marché qui existe. Thomas Edison a révolutionné l'ampoule. L'exemple d'une jeune femme au niveau de l'embarcadère du marché Calavi Tokpa dans l'arrondissement de Calavi fait école. En effet, cette dame en quête de moyens, surtout financiers pour s'installer à son compte s'est positionnée au bord de la rive pour aider les bonnes dames qui achètent les poissons frais à enlever leurs écailles, à les découper en de petits morceaux avant de les emballer. Elle témoigne avoir mené cette activité pendant six mois et a pu économiser le minimum qu'il lui fallait pour démarrer son business. Ce fut aussi le cas d'un jeune qui s'est acheté un véhicule à trois roues communément appelé tricycle pour aider les femmes de ménage à transporter de l'eau sur une distance assez éloignée de leur maison. Un jeune entrepreneur a préfinancé l'achat d'ordinateurs à des étudiants qui devront lui rembourser avec une marge d'intérêt après la perception de leurs allocations universitaires. Il a satisfait à un besoin crucial des étudiants ; c'est une opportunité, une idée d'entreprise.

Les gens acquièrent également des objets ou des services simplement pour satisfaire un besoin. Je me rappelle comme si c'était hier, un groupe de jeunes qui est allé voir une personne nantie de ma commune de provenance, lui demandant de leur ouvrir une boîte de nuit. La fréquentation d'une boîte de nuit n'est qu'un plaisir non utile et non nécessaire donc tout le monde peut s'en passer. Cependant, un certain nombre de personnes pour se divertir, sont prêtes à payer des sommes faramineuses pour une nuit d'enjaillement. Pour eux, c'est un besoin, même si c'est après tout un plaisir.

Créer cette boîte pour satisfaire à ce besoin constitue une opportunité d'affaires pour le promoteur.

Source : Travaux de R. Cohen

L'opportunité n'est pas forcément une idée novatrice. Au lieu de chercher indéfiniment à savoir entre la poule et l'œuf celui ou celle qui a précédé l'autre, une opportunité peut aussi se baser sur une idée déjà existante, identifier les insuffisances puis apporter des solutions idoines. Pas forcément besoin de réinventer la roue. Les opportunités sont des fruits mûrs à portée de main et tout le monde peut en trouver. L'innovation, la solution à apporter à un problème est démocratique, c'est-à-dire que tout le monde à la liberté d'action, à mesure qu'elle soit licite et permise. Tout repose sur une base auréolée d'imagination et de créativité. Pour bénéficier d'un avantage concurrentiel, il suffit de bien mûrir ses réflexions tenant compte des moyens temporels et ceux liés aux ressources qui vont entrer en ligne de compte dans sa mise en œuvre. Pour dénicher une opportunité ou une idée de projet, il convient de faire une bonne observation qui joue un rôle critique et basée une enquête sur l'écoute des futurs bénéficiaires du service. En un mot, faire une bonne étude de terrain pour évaluer la proportion de la population à impacter et la durée probable du projet afin de savoir la qualité et la quantité des intrants à injecter pour envisager les extrants ou les bénéfices attendus.

Repérage des voies ouvertes

Pour identifier une opportunité ou trouver une idée d'entreprise, les réponses à un certain nombres de questions comme les suivantes peuvent vous y aider :
- De quoi ma société a-t-elle besoin ? Quelles solutions puis-je apporter à tel ou tel problème de ma société ?
- Que puis-je apporter de plus pour rendre plus efficace une solution déjà proposée à tel ou tel problème ?
- Quelle est la valeur ajoutée du service que j'apporte ?
- Quel sera l'impact éventuel du bien ou service que j'apporte ou quelle est ma cible de prédilection ?

Pour réussir, il vous convient d'enfiler votre casque de détermination pour atteindre une cible très large. Si des millions de personnes profitent de vos services et sont prêtes à payer le prix, vous serez riche. Marc Zuckerberg l'a fait avec la création du réseau social Facebook. Sortez de votre zone de confort, trouvez votre idée d'entreprise, impactez le monde si possible en commençant à l'échelle locale, nationale puis internationale si possible. De Marco parle d'échelle et de magnitude. Les systèmes de marketing à paliers multiples en sont des exemples concrets. J'en parlerai dans ce chapitre.

    Les opportunités se cachent derrière les codes, les inconforts. Derrière une plainte, une frustration, un souhait, une crainte de votre société se cachent des idées d'entreprise. Résolvez les problèmes des autres et vous trouverez une solution à vos problèmes d'argent. Définissez clairement ce que vous voulez, le coût pour l'avoir, établissez le système de revenus et faites le premier pas même si vous pensez que vous n'êtes pas encore prêt. Au lieu d'attendre la vache à lait, il vaut mieux aller la chercher. Personne, je dis bien, personne ne sait mieux que vous ce dont vous êtes capable et avez besoin. Aucun gouvernement ne peut régler le problème de la pauvreté sinon il n'y aurait plus de pauvres en Amérique qui est la plus grande puissance économique mondiale.

L'analogie de la chasse du chat dans la forêt et attrait de l'argent

L'argent échappe souvent ou même toujours à ceux qui veulent l'attraper. Au lieu le faire, mieux vaut se concentrer sur ce qui l'attire. Si vous vous mettez à pourchasser un chat dans une forêt, il vous fuit davantage et disparaît loin de votre vue. Il use de son agilité pour s'en éloigner le plus loin possible. Au lieu de créer une entreprise basée sur des motifs égoïstes (sans penser à résoudre un problème), identifiez et résolvez un problème à grande échelle. À défaut d'être riche, vous serez à l'abri du besoin. Concentrez-vous sur un projet à la fois. Si vous devez en aligner deux à trois, ils doivent être complémentaires si non les énergies seront dispersées et vous risquez d'être victime du syndrome de Teckel. Le faire (dépenser votre énergie sur plusieurs projets non complémentaires à la fois), c'est symptomatique d'un chasseur effréné du nerf de la guerre (l'argent) et non de quelqu'un qui travaille à résoudre un problème de sa société pour s'attirer du cash. À l'image de toute forêt qui se cache dans une graine, dans une bonne idée d'entreprise se cache une richesse illimitée.

L'entreprise du 21e siècle

Je crois avoir suffisamment dit que le succès frappe moins à la porte d'un individu qui se lève tôt qu'à celle de celui qui sait saisir les opportunités ! Oui c'est bien ce que j'ai démontré la vérité est intemporelle.

Après que j'ai appris cette leçon que je viens aussi de rappeler, E. BAHOUNON me remit un bout de papier et un stylo alors que j'en avais sur moi. Très stupéfait de son geste, je les pris quand même et il me demanda de noter. Après des minutes de silence, ce qu'il allait me demander de noter étaient des titres de livres en développement personnel et beaucoup plus sur le marketing à paliers multiples. Il m'orienta vers une librairie où je devrais identifier et acheter ces livres. Je lui promis de le faire alors qu'en ce moment je vivais et délayais copieusement la disette matérielle. Je souffrais comme un accro de la cocaïne en sevrage. Puisque je n'avais de choix que de respecter scrupuleusement ses injonctions, j'y suis parvenu en un temps record. Voici la liste de quelques-uns de ces documents : *La magie de voir grand, le plus grand vendeur du monde, l'homme le plus riche de Babylone, développez votre entreprise de marketing de réseau et l'entreprise du 21e Siècle*. Globalement, j'ai appris que le marketing de réseau est la seule entreprise à moindre effort qui produit hors exploitation et il est vraisemblablement l'entreprise du 21e siècle. Cinq bonnes années de marketing de réseau suffisent pour prendre sa retraite avant la retraite. Vous

vous demandez certainement s'il y a une part de vérité dans ce que je dis ! C'est une évidence et on ne la démontre qu'à ceux qui n'en ont pas connaissance.

Présentation sommaire

Le marketing de réseau, aussi appelé MLM (Multi Levels Marketing), est un système de commercialisation qui repose sur une armée de vendeurs ou ambassadeurs. Il est né aux États-Unis dans les années 40 à la suite d'un constat logique : les consommateurs détiennent un pouvoir réel de marketing à travers des actes de recommandation ou de bouche à oreille qu'ils pratiquent même sans s'en rendre compte. À l'origine, tout réseau commence avec un seul individu puis grandit par ramifications.

Chaque filleul devenant ainsi parrain ou marraine ou encore leader, inscrit aussi trois filleuls. Remarquez que juste à la deuxième génération, le principal parrain de ce réseau comptera 13 personnes dans son équipe. À mesure que le réseau s'agrandit sous son leadership, les bonus qu'il ou elle percevra le seront aussi au prorata de la taille du réseau et de sa performance. Vous savez déjà comme moi comment construire son leadership personnel, faites-en un atout pour créer et développer votre réseau. Mais puisque vous avez peut-être été déçu(e) une fois par un de ces marketing faits de vendeurs d'illusions que vous n'aviez pas pu identifier, je vous entends dire ''qu'est-ce qu'il raconte ce monsieur''. Pas grave ! À travers les lignes à venir, vous verrez quelle a été votre part de responsabilité si c'était un système de Ponzi[2] qui vous avait emballé et quelles sont les astuces pour reconnaitre le marketing idéal.

Origine divine du marketing de réseau

Pour moi, le marketing de réseau est divin. Il l'est en ce sens que le Maître des temps et des circonstances a bâti l'humanité à partir de l'essence même du marketing à paliers multiples. Il créa Adam, ensuite Eve. Et à partir de ces deux, Dieu créa toute l'espèce humaine qui remplit aujourd'hui toute la terre en termes de milliards. Il a le pouvoir de créer toute l'humanité en un seul jour, de la même manière qu'Il a créé Adam et Eve, il a choisi de le faire par réseau. « Allez, procréez, multipliez-vous et remplissez la terre » nous dit la Bible. Dans le marketing relationnel, plus il y a d'entrées, plus le réseau se développe et, plus chacun s'adonne au travail, plus les revenus passifs accumulés sont significatifs.

---

[2] Un système de Ponzi ou chaîne de Ponzi ou encore pyramide de Ponzi est un montage financier frauduleux qui consiste à rémunérer les investissements des clients essentiellement par des fonds procurés par les nouveaux adhérents : Wikipédia

Des mentors et le marketing relationnel

Le marketing de réseau est l'une des plus grandes opportunités pour toute personne. Les systèmes de marketing sérieux n'ont rien de contraignant. Ceci étant, quel que soit votre pouvoir d'achat, vous serez capable d'y adhérer et de prospérer. L'adhésion peut se faire gratuitement, vu que l'achat d'un produit de consommation personnelle suffit pour demander un identifiant de partenariat. Elle ne fait pas de publicités dans les médias de masse conventionnels (radio, télévision...) mais demande aux partenaires de faire connaitre les produits auprès de leur entourage par la méthode de bouches à oreilles afin que les frais de publicités et les gains soient redistribués aux consommateurs. C'est un partenariat gagnant-gagnant, une plateforme de création de richesse avec le moindre effort ; mais aussi des produits qui vous garantissent santé, beauté bien-être.

La nouvelle économie a besoin de moins d'employés à cause de l'essor exceptionnel de la technologie. Il y a plus d'un siècle, 90% de la population travaillait dans l'agriculture, mais aujourd'hui à cause de l'efficacité spectaculaire de la technologie, c'est environ 1% et les emplois agricoles ont disparu. Avec le temps, les emplois industriels ont aussi disparu à cause des ventes en ligne. Les vidéos club n'en sont pas épargnés avec l'avènement des smartphones et des chaines de vidéos en ligne. Et la liste est longue. Nous ne pouvons rien faire pour arrêter le phénomène, bien au contraire, il va s'amplifier. Prenez plutôt vos responsabilités avant qu'il ne soit trop tard et le marketing à paliers multiples s'offre à vous. C'est très alléchant. Il vaut mieux hacker ses études ou carrément s'éduquer autrement pour s'adapter aux exigences de la nouvelle économie, le marketing relationnel répond parfaitement. Ouvrez les yeux, acceptez le fait et adaptez-vous à quelque chose de nouveau qui réponde aux exigences du siècle. Le marketing relationnel, à défaut d'être parfait, est tout simplement mieux.

A vous qui ferez l'ultime pas, tenez bon devant les vents contraires, notamment ceux venant des gens qui s'accrochent toujours au vieux système, caduque. Vous devez accepter une perte temporaire d'estime sociale due à l'incompréhension de certaines personnes au début de votre aventure. J'en ai été victime parce qu'un jour, un ami m'a dit : « au lieu de déposer ton dossier pour compétir au poste de secrétaire exécutif dans une mairie après ton master en Intégration Régionale, c'est la promotion des gobelets alcalins que tu fais ! tu consteras que je ne serai plus régulier chez toi ! ». Croyez-moi, il le regrette déjà puisqu'après mon grade de diamant 3, il m'a félicité. Je voudrais vous dire alors qu'à ce stade, vous devez endosser cette perte temporaire de votre estime. Tous ceux qui vous ont « enterré » vont vous « déterrer », il y a de la grâce sur vous ». L'avantage est que vous n'avez pas de patron qui prétende vous virer un jour sauf si le système s'arrêtait, vous n'avez pas d'employés à payer à la fin du mois, pas de taxe à payer, pas de local à louer. Depuis le canapé de votre salon, vous pouvez vous faire des revenus passifs à sept chiffres en quelques années. Mieux, c'est un travail à temps partiel à partir d'un smartphone et de la connexion internet. Être au bon endroit et au bon moment, c'est maintenant. Des outils pour prospecter à travers le monde, sans barrière de langue ni de frontière existent ; Facebook en est un des meilleurs. Vous y trouverez vos cibles.

Voici en substance pour vous, l'avis de quelques grandes figures sur le marketing relationnel.

- Robert KIYOSAKI : « Le marketing de réseau donne une véritable opportunité pour les gens de créer leurs affaires et faire fortune en prenant très peu de risques et d'engagements au départ »

- Jim Rohn : « Ce n'est pas le vent qui décide de votre vie, mais l'orientation de votre voile. Si vous n'êtes pas prêt à risquer l'inhabituel, vous vous assurez une vie médiocre. »

- David Bach : « Lorsque j'ai lu dans Fortune Magazine que Warren Buffet investissait dans le marketing de réseau, j'ai compris que je ratais quelque chose d'important. »

- Brian Tracy : « Le futur du marketing de réseau est sans limites. Il continuera à se développer sans fin et deviendra l'un des business les plus respectés au monde. »

- Bob Proctor : « Vous récoltez le fruit de vos pensées. C'est la loi de l'attraction. Le marketing est parfaitement aligné avec cette loi. Vous recevez

exactement ce que vous valez. Il n'y a pas de favoritisme, c'est rare aujourd'hui. »
- Donald TRUMP : « Le marketing de réseau a prouvé qu'il est une source de revenus viable et gratifiante. Il y a de nombreuses preuves de succès. »

Ces grands hommes, morts ou vivants, ont fait leurs preuves dans le marketing relationnel. Le marketing de réseau peut vous permettre de travailler avec passion et vous soustraire des contraintes de 40 heures de travail par semaine dans une entreprise où vous n'êtes peut-être pas rémunérez à la mesure de vos efforts. Vous pouvez réussir ou trouver des excuses mais pas les deux à la fois. Lancez-vous, vous pouvez aussi prendre part à cette opportunité. Renseignez-vous et découvrez la chance de votre vie. Réussissez et aidez les autres à y parvenir aussi. Le marketing de réseau obéit parfaitement à la loi de Pareto qui stipule que 20% des actions produisent 80% de résultat. Les 20% ne sont que votre travail en tant que leader de l'équipe que vous aurez construit dans le système. Soyez le rebelle intelligent, le bon sceptique en testant les enseignements de ce livre en général et ceux relatifs au marketing de réseau en particulier. Je finirai cette partie sur une très bonne citation de Robert KIYOSAKI : « Si l'argent est une forme de pouvoir, l'éducation financière est bien plus puissante encore : » Allez vers une éducation financière pour impacter le monde, osez prendre le risque de vous engager, vous sortirez toujours gagnant parce que même en cas de non résultat, vous apprendrez quelque chose de plus. La logique selon laquelle « qui ne risque rien n'a rien » est largement dépassée. Qui ne risque rien risque tout aujourd'hui. Le coach Simon OUEDRAOGO a dit : « le 21e siècle est un siècle qui fera 21000 fois plus mal que tous les siècles précédents si on continue d'y vivre comme dans ceux antérieurs ». Vous êtes unique et le monde attend beaucoup de vous. Les gros diplômes n'ont rien à voir avec ces enseignements puisque l'école ne les enseigne pas. À vos marques, prêt, innovez.

Cinq critères pour identifier un bon système de marketing de réseau

Comme on ne peut pas s'en douter, tous les systèmes de marketing ne sont conçus que pour gruger, au lieu d'un effet de levier, c'est plutôt un système de Ponzi qui les caractérise. À l'ère du numérique, tout système de marketing doit remplir un certain nombre de critères. Voir la date de création du système, c'est-à-dire depuis quand est-ce qu'il existe (ancienneté) et quelle est sa réputation, sa notoriété à l'international.

- S'assurer de l'existence réelle des produits physiques manufacturés par la compagnie et sa capacité à satisfaire les consommateurs sur le long terme.

- Etudier l'adaptabilité du système de fonctionnement de la compagnie à l'économie numérique.

- S'assurer que le système présente un plan marketing aussi limpide que l'eau de roche. Autrement dit, s'il présente clairement le plan de rémunération des partenaires. Aussi faudra-t-il vérifier si la maintenance est obligatoire, c'est-à-dire si le partenaire, pendant une période donnée a l'obligation de consommer ou d'écouler une quantité donnée de produits. Si cette obligation existe, éviter d'y adhérer.

- S'assurer de la disponibilité des documents support qui donne tous les renseignements possibles sur la vie de la compagnie, de même que les supports et/ou des plans de formation. J'en connais qui remplisse [2]3 ses critères à la perfection.

Vous n'avez plus besoin d'autres conseillers, appliquez ces cinq principes à n'importe quel système dans lequel vous êtes invité. Vous avez les outils pour prendre la meilleure décision. Le monde change, levez-vous et bâtissez vôtre rêve si non d'autres se serviront de vous comme échelle pour bâtir les leurs. Les entrepreneurs malins l'ont compris et tirent allègrement partie des innovations qui existent afin d'en tirer avantages. Au même moment, d'autres résistent futilement en érigeant des barrières de brindilles (les excuses) pour tenter vainement d'endiguer la puissance d'un fleuve en crue (le monde en perpétuel changement). Méditez sur cette phrase empreinte de sagesse de William Gibson : « le futur est déjà là, il n'est juste pas encore bien distribué. » Pour Chris Guillebeau : « le gouffre entre l'ignorance et le savoir est moindre qu'entre le savoir et l'action ». Agissez et réussissez. Repoussez les limites au lieu de se contenter de ce que vous avez à l'instant. Ouvrez-vous à l'intelligence en vous connectant avec des gens qui ont de visions. Fuyez les briseurs de rêves, demandez conseils rien qu'à ceux qui ont réussi à avoir ce que vous recherchez activement. Concentrez-vous sur les habitudes à effet de leviers qui vous conduiront vers votre rêve et développez une grande capacité de résilience face aux obstacles.

La défensive

La mise en application des principes énoncés dans cet ouvrage va vous propulser dans la sphère de la prééminence (abondance). Vous aurez à faire face à un autre défi, celui de la maitrise de vos dépenses : la défensive. Cette attitude est la clé qui vous empêchera de redescendre de votre piédestal, c'est-à-dire, perdre vos avoir pour retourner à la case départ. L'offensive a été maitrisée et c'est d'ailleurs pourquoi le succès vous a souri, maintenant il faut aussi sauvegarder les arrières. Je l'ai appris à mes dépens quand j'avais ouvert mon centre informatique à l'époque. Je confondais non seulement mes revenus du centre et mon salaire mais aussi et surtout, je n'avais aucune notion de la façon de conserver les passifs générés. Tout était dans une seule caisse et je me la coulais douce. C'était moi le gentleman à l'époque. Plus grave, sans penser à l'amortissement des appareils bien que neufs à l'achat, je commençai la construction de la maison qui va héberger ma famille. Au passage, construire une maison non locative avec les premiers passifs issus de votre entreprise est un mauvais investissement car, la maison construite n'augmente pas vos avoirs. C'est donc un passif par excellence. Un moment, les appareils commençaient à s'amortir, je n'avais plus suffisamment de fonds pour assurer la maintenance encore moins le renouvellement. Tout a commencé par là et, un jour, le centre est fermé pour ne plus jamais être réouvert. Ce que je pouvais me trouver comme excuse était que ce sont des habitants du village qui ont envoûté les appareils. Erreur ! Mon problème était plus moi-même que ce que je croyais. Je faisais des dépenses à l'aveuglette, j'achetais presque tout ce dont mes moyens pouvaient me permettre sans aucune distinction entre l'utile et l'agréable. Des objets que je pouvais, soit emprunter ou à la limite louer pour un usage temporaire, je les achetais. Erreur gravissime ! Pas vrai ! bien sûr que oui. Toutes les dépenses doivent être planifiées d'une journée à une semaine voire une année.

    Maitrisez vraiment vos dépenses. Jamais de la vie, ne dépensez pas au-delà de vos revenus sinon, c'est la descente aux enfers. Beaucoup de personnes comme moi en ce temps-là, vivaient au-dessus de leurs moyens et privilégient de paraître au lieu d'être. Ne vous laissez pas impressionner par la grosse voiture de votre voisin car bien souvent, elle appartient à la banque (obtenue par emprunt) ou à la société à laquelle il appartient. Gardez-vous de vous fier aux signes extérieurs de richesse faciles à acquérir par le biais des crédits bancaires souvent remboursables toute la vie. Ces signes de richesses sont souvent là pour singer une image extérieure ou flatter un égo.

Au-delà des principes énoncés pour maîtriser vos dépenses, vous avez certainement déjà fait ou vécu l'amère expérience de très mal gérer vos revenus quels que le montant ! Si oui, alors là, vous en êtes plus aguerri. Je vous recommande le best-seller, la *chèvre de ma mère* de Ricardo KANIAMA. C'est un puissant livre de développement personnel parmi tant d'autres qui m'ont véritablement reprogrammé. Ce que l'école ne vous apprendra jamais, du moins jusqu'à nos jours, vous le trouverez dans ce précieux document. Lisez-le, vous ne serez plus l'individu que vous êtes actuellement. Le mindset et le bon, vous positionne à un niveau stratosphérique de la pyramide des êtres. Le monde a trop besoin de vous. Si vous continuez de respirer et que vous êtes en possession de toutes vos facultés mentales, c'est parce que tout le potentiel placé en vous par le Maître des temps et des circonstances, encore inexploité doit sonner le glas de sa manifestation. N'enrichissez pas les cimetières parce que vous aurez laissé mourir en vous toute votre capacité pour impacter le monde. Votre capacité à vous attirer de l'argent, à le conserver et à l'investir pour votre bonheur et celui de votre entourage, réside fermement dans votre approche du précieux sésame.

Chapitre 10

L'attitude mentale

« J'avais traversé la mort, elle avait été une expérience de ma vie ».
Jorge SEMPRUN

Tout commence et finit par une bonne perception de toutes les situations ayant cours dans la vie d'un individu. Avoir une très bonne psychologie de l'argent, arriver à s'en procurer et même savoir investir pour se faire de gros revenus passifs n'est pas suffisant pour vivre la vie de ses rêves. Le chemin est long et truffé d'embuches. Il vous faut une très bonne attitude mentale pour affronter les obstacles ou reconnaître une courte victoire aux fins de tenir droit dans ses bottes pour avancer. Il peut vous arriver de vivre des situations très compliquées et même plus graves de façon fréquente. La seule arme pour ne pas trébucher reste une bonne attitude mentale et donc, la force du caractère.

La perception

Dans le processus de l'acquisition de richesse se dressent plusieurs obstacles physiques ou matériels et surtout émotionnels ou mentaux tels que le doute, la peur, l'incertitude. Pendant que les losers (ceux qui ont perdu ou destinés à perdre) les perçoivent comme des problèmes, pour les winners (les gagnants), ce sont des opportunités et c'est vraiment là que se situe la différence. Du point de vue des winners, la différence entre un obstacle et une opportunité, si elle existe, est très mince. Ce qui est bon est potentiellement préjudiciable et ce qui est mauvais est potentiellement bénéfique. La sagesse permet de tirer profit des deux, car, après une difficulté, il y a certes beaucoup d'avantages. Comme l'oxygène, comburant par excellence d'un feu qui brûle, les obstacles alimentent la flamme de l'ambition. Chaque entrave ne doit faire qu'attiser le feu intérieur avec une férocité décuplée. La bonne perception des obstacles reste un avantage considérable pour les affronter et les *démolir*. Au lieu d'être perturbé ou effrayé, il vaut mieux contrôler et maitriser ses émotions. Ne pas admettre le désespoir, la peur, l'impuissance comme fonctions de votre perception mais percevoir les événements de façon rationnelle, et surtout comme une opportunité. Ce n'est que de cette manière que l'inspiration est à son comble pour mener chaque difficulté sans que la panique n'interfère. Des situations négatives, on peut en tirer un avantage. Un dimanche ensoleillé des vacances, sur la demande de mes filles, j'ai décidé de les conduire à la plage en voiture. À quelques encablures de la destination, un individu mal intentionné me heurta violemment, me déséquilibra puis à mon tour, je percutai un vieil homme sagement assis sur sa guimbarde. C'est alors que le vieil homme, arrivé à se relever m'abreuva d'injures et de menaces de toutes sortes. Bien que toutes les pièces de mon véhicule soient à jour, je gardai mon sang froid pour digérer les menaces du vieil homme. Après qu'il a fini de vociférer, il s'approcha de moi pour me demander sagement : « mon fils, dis-moi ce qu'on peut faire pour un règlement à l'amiable ». Contrairement à ce qu'on pouvait attendre de moi, je gardai mon calme et de cette situation, est née une relation amicale entre le vieil homme et moi. Devant certaines circonstances de la vie, le talent et l'intelligence ne sont pas sollicités, mais le sang-froid et la maitrise de soi. Si le stress prend place, l'instinct primaire de crainte est potentiellement déclenché. Quoi qu'il advienne, il faut prendre de l'autorité. C'est une pièce à conviction pour votre assurance. En psychologie cognitive, le point de vue est très capital. Il faut faire usage de son pouvoir de la revitalisation pour surmonter la peur qui n'est qu'un facteur incapacitant, distrayant et souvent irrationnel. Les épreuves de la vie sont faites pour nous apprendre quelque chose. Ne soyez pas pressé d'en finir avec certains problèmes ou situations, prenez le temps d'observer, de comprendre et d'assimiler. Tout comme il faut savourer son bonheur, il faut apprendre à vivre sa douleur. Il n'est pas de difficultés qui ne soient surmontables et, croyez-moi, on sort toujours grandi de chaque épreuve.

Pour surmonter les obstacles, John D. Rockefeller utilise le sang-froid et l'autodiscipline. Démosthène, grand orateur athénien, quant à lui, fait usage d'une volonté implacable de s'améliorer. Abraham Lincoln, y arrive avec humilité, endurance et compassion. Face à l'échec qui en fait n'est qu'un maître formateur gratuit, la même force de caractère est sollicitée. Un journaliste béninois a déclaré : « l'échec est une victoire reportée ». Cela est d'autant plus vraie que la vie appartient à ceux qui n'abandonnent jamais. Les plus grands champions dans leurs domaines respectifs savent qu'il y a un terrain sur lequel plus de 95% des personnes sont éliminées et seulement quelques individus continuent le combat. Ne laissez rien, ni personne empêcher votre destinée de se réaliser. Toutes les fois que la vie vous donnera des gifles ou essayera de vous mettre au sol, relevez-vous, secouez-vous et avancez. Cette vie n'est pas pour ceux qui abandonnent.

Soyez votre « maître de thé »

Savourons ici une histoire japonaise qui enseigne à la perfection le pouvoir du mental pour se forger une armure de guerrier. La force du mental est une ressource formidable à mesure qu'on sache en faire usage.

Au japon à l'époque féodale, le shogun, l'empereur ayant connaissance d'un maître du thé pour sa réputation, l'invite à lui en servir. Le maître du thé très enchanté, se rend au palais impérial. À l'époque, pour avoir accès au palais il fallait s'habiller en samouraï (le samouraï est un membre de la classe guerrière qui a dirigé le Japon féodal durant près de 700 ans) ; le maître du thé vêtu de son nouvel habit, au moment de traverser le pont pour pénétrer dans l'enceinte, bouscule involontairement un samouraï. Ce dernier se trouvant offensé, se retourne et crie : « samouraï, tu m'as bousculé et demain je demande réparation, prépare-toi à mourir ». Le maître du thé, confus, s'excuse maintes fois mais il ne peut renoncer au combat et se trouve obligé de relever le défi. Le maître du thé, embarrassé, entre dans l'enceinte du palais et se met à la recherche d'un maître d'armes. Au bout d'un certain temps, il en retrouve un, réputé à qui il explique la méprise du matin. Il lui dit, maître d'armes, je ne suis qu'un maître du thé totalement ignorant des arts de la guerre, demain je dois me battre et je voudrais que vous m'enseigniez votre art. Ce dernier, avec sa sagesse, réfléchit et lui dit : « Avant de commencer votre leçon, je vous propose que vous me serviez mon thé. » Le maître du thé enchanté, ouvre son baluchon, sort sa nappe, la positionne sur la table, dispose convenablement chaque ustensile, de même que les arômes. Il allume enfin le feu sous la bouilloire. Pendant qu'il préparait son mélange, la bouilloire chantait déjà sur le feu activé à cet effet. En ce moment-là, il n'y avait que le thé qui compte surtout après infusion. Habité d'une extrême sérénité, le maître du thé sert le maître d'armes. Ce qui pouvait s'en dégager étaient la paix et l'harmonie. Le maître d'armes, après avoir fini de déguster son thé dit avec une voix empreinte de sagesse au maître du thé : « Mon ami, je n'ai rien à vous apprendre ! Demain quand vous allez sortir votre arme, pour vous battre, vous allez repenser à tout ce que vous venez de faire, à votre cérémonie du thé, avec toute la maîtrise et tout le bonheur que vous m'avez apporté, vous lèverez votre arme et dès que votre adversaire va s'approcher, vous le frapperez. » Le maître du thé remercie le maître d'armes. Le lendemain, à l'aube dans la prairie, face au soleil et au samouraï offensé, le maître du thé se mit à repenser à tout ce que lui avait dit le maître d'armes. Il sort son arme, la maîtrise comme s'il était en train de servir du thé, se met en garde, lève son arme et attend. Au bout d'un certain temps, le samouraï se mit en fuite devant lui et à grands pas. Ce samouraï s'est mis à penser dans sa tête comment il pourrait battre un homme qui dégage autant de sérénité !

La leçon à retenir est que vous avez été déjà confronté à des défis, des combats tous azimuts un peu comme le maître du thé. Vous avez déjà vécu une ou des situations d'inconfort qui vous ont pollué la vie, vous avez déjà travaillé sans relâche pour atteindre un objectif sans y parvenir, vous avez déjà essuyé des revers suivis de dénigrement, culpabilité, honte... Laissez-moi vous dire que ce n'est qu'en mobilisant tous vos guerriers mentaux que vous pouvez développer une résilience face à toutes ces situations qui vous mettent et vous retiennent dans ce climat inconfortable. Le coach SENOU Epiphane a fait une découverte et en a sorti une vertu en treize points que je vais détailler dans un autre livre. Le potentiel en vous est insondable, nous enseigne-t-il. Sans s'être forgé un mental d'acier comme un vrai guerrier, il vous sera très difficile, voire impossible de surmonter les obstacles. Peut-être que vous n'en êtes qu'à une seule épreuve de la vie et vous coulez déjà ! Rassurez-vous, la vie est faite de labyrinthes, soyez votre maître du thé pour les passer avec succès. Oser, c'est perdre pied momentanément, ne pas oser c'est perdre pied définitivement.

« Tout le monde naît nu, mais personne ne naît démuni », a dit Z. KWEKASSA. Chacun a quelque chose de spécial quelque part, une chose qui fait de lui un individu à part entière. Il n'y a pas d'égal à lui et il n'y en aura jamais. Dieu Seul en connaît le secret. Battez-vous pour vous faire une place où Dieu veut vous voir. Vous êtes un diamant à l'état brute.

La gratitude

Après avoir cherché sans trouver, il est possible de trouver sans avoir cherché. Le bonheur n'est jamais loin, il est souvent sous vos yeux. Souvent, vous partez le chercher au bout du monde alors qu'il est au seuil de votre porte. Appréciez ce que vous avez avant que la vie ne vous fasse regretter ce que vous avez perdu. Tout homme a besoin de Dieu à tout instant de sa vie. « La gratitude est un second plaisir, qui en prolonge un premier : comme un écho de joie à la joie éprouvée, comme un bonheur en plus pour un plus de bonheur », a dit André COMTE-SPONVILLE. Le coach SENOU Epiphane dira de retourner à la maison, maison qui n'est autre que la providence divine pour lui rendre témoignage de ce qu'il vous a déjà gratifié pour en demander davantage. La gratitude est un amplificateur du positif. De l'air que l'on respire jusqu'à la nourriture que l'on consomme, de la capacité d'utiliser les mains jusqu'à la faculté de parler, de trouver un abri à être dans un état d'esprit joyeux, l'homme a toujours besoin des dons que Dieu lui donne. Encore que la majorité des gens ne perçoit pas qu'ils sont faibles et indigents auprès de leur Seigneur. Ils supposent que tout se passe spontanément ou qu'ils acquièrent tout ce qu'ils possèdent par leurs propres efforts. C'est une grande erreur, aussi bien qu'une ingratitude sérieuse envers Dieu. Nombreux sont ceux qui remercient la créature même pour un petit cadeau mais passent toutes leurs vies à ignorer les innombrables bénédictions que Dieu leur accorde. Pourtant, la générosité de Dieu à l'égard de l'homme est tellement abondante que l'on ne pourra jamais la dénombrer. Dans le glorieux coran, Dieu dit : « soyez reconnaissants du peu dont je vous ai fait grâce afin que j'en rajoute. » La gratitude envers le maître des temps et des circonstances élève l'esprit plus près de la source par laquelle les bienfaits arrivent. L'esprit reconnaissant s'attend toujours aux meilleures choses et l'attente devient foi. À défaut d'être reconnaissant, on devient orgueilleux, envieux, jaloux et sauvage à la limite. La gratitude est par nature proche de l'amour inconditionnel. La véritable gratitude est la radiation de l'énergie créatrice. Soyez vraiment reconnaissant et vivez votre vie à fond. La meilleure chose qui soit au monde et qui compte le plus pour vous, c'est vous-même. Le reste n'est que détails. Beaucoup de personnes croupissent dans les lits d'hôpitaux et ne demandent que santé. Des victimes d'injustice rasent les murs dans les cellules de prisons et ne demandent que justice pour recouvrer leur liberté. De même, nombreux sont les grands esprits qui ont élu involontairement domicile dans les cimetières alors qu'ils avaient envie de vivre et continuer par jouir des délices de la vie. Personne n'est plus méritant, tout est grâce de Dieu, rendez-lui cette grâce et vivez le bonheur. L'homme peut être en pleine harmonie avec la substance informe en maintenant une gratitude vivante et sincère pour les bénédictions qu'elle lui accorde. La gratitude unifie l'esprit de l'homme avec l'intelligence infinie, de sorte que les pensées de l'homme soient reçues par Dieu à travers les principales composantes de l'univers qui ne sont que "un" avec Lui. L'être humain peut rester en permanence créatif. Il lui faut rester en communion avec l'intelligence infinie à travers un sentiment profond et continu de gratitude. Une vague qui se refuse de repartir à la mer se fait prisonnière du sable ensoleillé de la plage.

L'alchimie de la reconnaissance

La gratitude est plus une aptitude à développer qu'une prédisposition puisque l'être humain, de nature est ingrat. Aux États-Unis, des recherches sur la psychologie positive ont été faites par Martin Seligman et Christopher Peterson. Ils ont étudié la science du bonheur, une attitude innovante. Ils ont abouti à la conclusion que la gratitude est bénéfique à l'estime de soi, car elle augmente le sentiment d'appartenance à un groupe, à une lignée, à une collectivité humaine. Robert Emmons, chercheur en psychologie à l'université de Californie, a pour sa part, constaté que les personnes prenant l'habitude de pratiquer une gratitude consciente étaient plus résistantes au stress.

Développer le sentiment de gratitude vous permet de focaliser votre esprit sur des choses positives et ainsi d'éviter le repli sur vous. Lorsque vous remerciez, vous tournez votre attention vers l'extérieur, vous sortez ainsi plus facilement de votre enfermement. Les personnes qui expriment de la gratitude développent plus facilement des liens avec les autres, étalon d'un acteur social. Ceux qui ne le font pas sont plus esseulées. La gratitude vous relie aux autres et fait naître un courant d'énergie positive entre les personnes. Elle vous conduit à votre essence la plus pure. Elle élève votre âme et favorise l'ouverture de votre cœur. J'en ai la certitude puisque l'ayant moi-même expérimentée. Mais je n'ai pas de preuves scientifiques pour le prouver. Les cellules et d'ailleurs tous les organes de notre corps sont sous l'influence permanente d'une bonne santé émotionnelle, gage d'une longévité. La maladie n'est pas que le résultat d'un défaut physiologique mais aussi émotionnel. Par manque de gratitude, j'ai raté un rendez-vous assez important pour moi parce que je craignais d'y rencontrer un bienfaiteur envers qui, par négligence, j'avais manqué de pratiquer le geste qui sauve. En fait, ce dernier était assis aux côtés d'un partenaire que je devrais rencontrer, vu que je devrais l'éviter pour inconduite, je me suis éclipsé le temps qu'il s'en aille mais hélas, c'était le compagnon d'affaire de celui à qui j'avais à faire. J'ai perdu n'est-ce-pas ? Sans doute.

Tout ce que l'être humain prend pour pire malheur et humiliation est souvent source de bénédiction. Quel que soit l'état dans lequel vous vous retrouvez, la gratitude doit être votre fidèle compagnon émotionnel. L'être humain, dans la chair, accuse parfois le créateur ; soit en catimini ou même vertement, de lui avoir causé du tort. L'histoire suivante d'un roi et de son serviteur en est un puissant témoignage en complément de ce que vous et moi avons l'habitude de faire.

Un roi avait un serviteur qui, en toutes circonstances lui disait : mon roi, ne te décourage pas car Dieu ne fait jamais d'erreur. Un jour, alors qu'ils étaient en brousse pour la chasse, un animal sauvage attaque le roi puis lui arrache un doigt. Grâce à la bravoure et la témérité du serviteur, il venge le roi en tuant. Sa majesté, malgré l'exploit de son serviteur, était très furieux et a manqué de lui témoigner sa reconnaissance. Pire, il « calomnie » Dieu en disant : « si Dieu était Bon, je n'aurais été attaqué et perdu un doigt ». Le serviteur lui répondit : « malgré toutes ces choses, je ne pourrai que vous dire que Dieu est Bon et tout ce qu'Il fait est parfait, Il ne se trompe jamais ». Indigné, par cette réplique, le roi ordonna son arrestation et pire, son incarcération. Pendant qu'il purgeait sa peine, il n'a pas été empêché de dire au roi que Dieu est Bon et Parfait. Un jour, le roi décida d'aller seul à la chasse. Il a été capturé par des hommes de la forêt qui se servent d'êtres humains pour des sacrifices. Sur l'autel de l'immolation, ils découvrirent que le roi n'avait pas ses doigts au complet et il fut gracié. Il était considéré comme incomplet et donc pas éligible pour le sacrifice. À son retour au palais, il ordonna la libération de son serviteur et lui dit : « mon ami, Dieu était vraiment bon avec moi ». Il poursuit en lui contant la scène qui pouvait être sa mésaventure. Mais il demanda au serviteur que si Dieu était aussi Bon, pourquoi a-t-il permis qu'il l'emprisonne ? Avec sagesse, le serviteur lui répondit : « mon roi, si je n'avais pas été mis en prison, je serais parti avec vous et j'aurais été sacrifié parce que je n'ai pas de doigt manquant. Tout ce que Dieu fait est parfait, il ne se trompe jamais ».

Voici une belle leçon de gratitude que le serviteur vient de donner à sa majesté. On se plaint souvent de la vie, des choses jugées négativement par la chair, oubliant que tout arrive pour un but. Dieu sait pourquoi vous continuez de lire ce livre. C'est peut-être parce que vous devrez découvrir cette histoire. C'est bien pour une raison. Prière le recommander à autrui, son contenu peut être un bon point de départ pour la reprogrammation de quelqu'un qui vous est cher. Mon cher ami, une bonne attitude mentale déterminera votre altitude. Il n'y a pas de riche à l'extérieur qui ne le soit de l'intérieur, c'est une constante de l'équation du miracle. Ce n'est pas à négocier. Avant la réussite, pendant que vous vivez le bonheur après avoir réussi ou même après un échec, la bonne attitude mentale demeure une recette capitale pour l'estime de soi. Elle se fortifie par une abondance de gratitude, en tout temps, en tout lieu et en toute circonstance. Remerciez Dieu pour ce que vous avez.

L'imam Ali dit un jour : « deux choses qui ne durent pas chez l'être humain sont sa force et sa jeunesse. Deux autres choses très chères pour un croyant : le comportement et la grandeur d'âme. Deux choses qui élèvent le rang du croyant : l'humilité et la serviabilité. Deux choses qui éloignent des épreuves : l'aumône et le maintien des liens familiaux. Trois étapes de la vie qui font rire : l'adolescence au cours de laquelle on possède le temps et la capacité mais on est dépendant. La vie active où on possède l'argent et la capacité mais le temps fait défaut. La vieillesse où on possède l'argent et le temps mais la capacité manque au rendez-vous. La leçon en est que lorsque la vie te donne quelque chose elle te prive d'une autre. On a toujours l'impression que la vie des autres est meilleure. Ceci est dû à l'absence de contentement, de gratitude ». Avant de lever les yeux pour demander à Dieu ce qui te manque, baisse d'abord les yeux pour Le remercier pour ce que tu as. Difficile de dénombrer sur la planète terre, sur les sept milliards environ d'âmes qu'elle compte, ceux qui veulent être où vous êtes. L'ingratitude sous toutes ses formes est un poison.

En définitive, il est important de savoir que pour une meilleure relation avec vos semblables et le créateur, il faut pratiquer la gratitude consciente et authentique. La gratitude a aussi un rôle prépondérant dans votre bien-être physiologique. Elle prévient les maladies car élimine le stress qui est source de plusieurs pathologies telles que les maladies cardio-vasculaires, les atteintes à la santé mentale etc... Elle permet une vie heureuse source de longévité. Vivez votre vie, celle que Dieu veut que vous viviez. « En vérité, la vie est généreuse pour celui qui vit sa légende personnelle » confirme Paulo Coelho.

Conclusion

Dans ce marathon scriptural, je résume mon propos en affirmant qu'en amont et en aval de l'accumulation de la richesse, se trouve le mindset. Cet état d'esprit est le terreau pour une bonne psychologie de l'argent. Dépendamment de cette science sur l'argent, se dégagent quatre catégories de personnes : les riches « riches », les pauvres « pauvres », les riches pauvres et les pauvres riches. Les premiers sont des riches avec un état d'esprit qui leur permet de le demeurer. Les seconds sont des indigents qui n'ont aucune stratégie pour se sortir de cette situation. Les troisièmes sont des individus ayant le cash mais manquent le mindset pour le gérer et demeurer riches. Ceux-là sont souvent des héritiers (Jim Stovall les gagnants de la loterie génétique) ou les gagnants à un jeu de hasard. La dernière catégorie, c'est-à-dire les pauvres riches, ont un très bon état d'esprit mais n'ont pas le cash.

La catégorie d'appartenance la plus convoitée est celle des riches qui ont un très bon état d'esprit. Vu que personne ne nait avec l'argent, le plus important est d'en avoir une très bonne culture. Et donc la catégorie des pauvres « riches » ne doit vous échapper. Vous avez l'obligation d'être riche, le monde attend votre parfaite réalisation. Pour moi, ceux qui, pour une raison non valable, sont des pauvres chroniques sont des ''ennemis'' de Dieu. C'est un déshonneur. Méditons cette déclaration du coach SENOU Epiphane : « Dieu vous a créé pour satisfaire à un besoin, résoudre un problème ». Retenez ceci : le plus beau cadeau que vous pourrez donner à l'humanité, c'est de devenir la meilleure version de vous-même et, pour y parvenir, il vous faut un bon mindset, savoir saisir les opportunités, avoir une foi inébranlable, la confiance en vos capacités. Rester focus dans la pensée et l'action. Ce faisant, vous serez élu, haut les mains par toutes les forces de l'univers mises à votre service. Travaillez à conserver cette image de Dieu que vous avez été depuis le commencement.

Vous qui avez ce document en main et qui avez la patience de le lire jusqu'ici, après avoir remporté le marathon original, êtes-vous satisfait de cette version de vous aujourd'hui ? Moi non, et vous ? La réponse est personnelle et à chacun de prendre ses responsabilités.

Enfin, la vérité incontestable pour vivre le bonheur n'est pas qu'accumuler de la richesse. Il vous faut aussi un entourage formidable, une famille très aimable et une santé de fer inoxydable.

Les réflexions se poursuivent et une question me taraude l'esprit. Je me demande si accéder à l'autonomie financière est synonyme de *"travailler dur"* comme nous l'enseignent les gourous du développement personnel ! La réponse est taxée d'un relativisme parfait. Quant à moi, je donnerai ma version dans la prochaine parution : **la panacée.**

Références bibliographiques

BLOOD Michele et Bob PROCTOR, *Comment devenir un aimant à argent*, 2016
CHOPRA Deepak, *Les sept lois spirituelles du succès*, 1994
COHEN H. Raphaël, *Concevoir et lancer un projet, de l'idée au succès sans business plan*, 2016
COLLINS Jim, *De la performance à l'excellence*, 2001
COVEY R. Stephen, *Les sept habitudes de ceux qui réussissent tout ce qu'ils entreprennent*, 1989
COWBELL Roussel, *Les hectares de diamant*, 1890
JOE Vitale, *Le facteur d'attraction*, 2005
KANIAMA Ricardo, *La chèvre de ma mère*, 2021
M-J DE MARCO, *L'autoroute du millionnaire*, 2011
NAPOLEON HILL, *Réfléchissez et devenez riche*, 1937
OLIVIER Roland, *Tout le monde n'a pas la chance de rater ses études*, 2016
PAULO Coelho, *L'alchimiste*, 1988
SENOU Epiphane, *Dis non à l'échec*, 2020
SHARMA Robin, *Le moine qui vendit sa Ferrari*, 1997
THOMAS Sébastien, *Et si j'avais un mental de gagnant*, 2014
STOVALL Jim, *La carte du millionnaire*, 2013
TOLLE Eckart, *Le pouvoir du moment présent*, 1997
ZELAND Vadim, *TRANSURFING, Modèle quantique de développement personnel*, 2014

ISBN : 978-1-990497-73-5

Illustration de la couverture : Exalte.co, Xa. Print & Coms
Imprimerie : Exalte.co, Xa. Print & Coms,
+299 91 000 009, exalte.co@gmail.com

www.ingramcontent.com/pod-product-compliance
Lightning Source LLC
Chambersburg PA
CBHW050859160426
43194CB00011B/2218